Babbi lavoratori

I diritti dei lavoratori padri

Avv. Roberto Colantonio

Babbi lavoratori

Lavororosa.wordpress.com è un blog da me curato dove raccolgo articoli e sentenze sul lavoro femminile. Ed, in questo caso, anche del lavoro dei "mammi", i lavoratori padri.

Dal 2015 **Lavororosa.wordpress.com** è anche una collana di piccoli e agili volumi tematici sui diritti delle lavoratrici, disponibili su Amazon in forma cartacea ed ebook.

Le monografie di **Lavororosa.wordpress.com** si affiancano alle mie pubblicazioni presso l'editore Iemme Edizioni – www.iemmedizioni.it – rivolte ad un pubblico più vasto e disponibili in tutte le librerie Feltrinelli ed Esselibri-Simone.

Potete seguire gli aggiornamenti sul mio blog o scrivendomi direttamente all'email

info@studiocolantonio.com

Cordialmente

Roberto Colantonio

INDICE

Roberto Colantonio

1. I babbi lavoratori

Accanto all'idea della Famiglia tradizionale, si è sviluppata, nella nostra società profondamente a un livello culturale anche laico, un'iconografia più "sintetica", composta da una madre e da suo figlio. Dalla Natività alla Pietà, ovvero dal momento più lieto a quello più tragico immaginabile, dall'inizio alla fine della vita, i gruppi scultorei e pittorici sembrano indicare come unica, essenziale, presenza genitoriale, quella della madre.

Al punto che maternità è diventato un sinomino della genitorialità, un sinomimo per forza di cosa escludente dell'altra metà. Questa asimettria è altrettanto ingiusta - e "infedele" di una rappresentazione corretta della realtà - di certe forme di discriminazione di cui sono bersaglio le donne, ad es. nel mondo del lavoro dove guadagnano mediamente meno dei colleghi maschi.

La tutela, sia pure residuale e alternativa, che da qualche anno a questa parte viene riconosciuta anche ai lavoratori padri va a vantaggio della famiglia nel suo complesso, intesa come un *team* di persone che si vogliono bene e che "lavorano", è il caso di dirlo, nell'interesse comune del gruppo. Ed ho utilizzato le parole team, gruppo, squadra, etc. per superare l'impostazione che vede la famiglia composta da unità e frazioni che prendono forma e composizione di volta in volta: madre-bambino, marito-moglie e persino figlio-figlio. Una famiglia non è una società che va "scalata" dai suoi azionisti. E se una lavoratrice madre non può usufruire di un riposo o permesso, ad es. perché lavoratrice autonoma, è suo interesse che al suo posto possa utilizzarlo il marito dipendente subordinato.

Da qui si potrà poi partire anche per tutelare altri tipi di famiglia, superando il vetusto concetto di famiglia naturale contenuta nella Costituzione.

Il legislatore, con il decreto legislativo n. 151 del 26.03.2001 – intitolato significativamente: "T.U. SOSTEGNO MATERNITA' E PATERNITA'", ha riunito in un Testo Unico le varie norme sulla maternità e (anche) sulla paternità.

Una tutela, come si diceva, residuale e alternativa. La maternità resta – e forse non poteva davvero essere diversamente - al centro del rapporto genitoriale.

Ma il tutto viene contemperato da un principio generale: il divieto di discriminazione: "E' vietata qualsiasi discriminazione per ragioni connesse

al sesso, secondo quanto previsto dal decreto legislativo 11 aprile 2006, n. 198, con particolare riguardo ad ogni trattamento meno favorevole in ragione dello stato di gravidanza, nonche' di maternità o paternità, anche adottive, ovvero in ragione della titolarita' e dell'esercizio dei relativi diritti[1]"
In un Testo Unico non potevano mancare le definizioni. Ed è dalle definizioni che occorre partire per un corretto inquadramento degli istituti.

ARTICOLO N.2

Definizioni (legge 30 dicembre 1971, n. 1204, articoli 1, comma 1, e 13)

1. Ai fini del presente testo unico:
a) per "congedo di maternità" si intende l'astensione obbligatoria dal lavoro della lavoratrice;
b) per "congedo di paternità" si intende l'astensione dal lavoro del lavoratore, fruito in alternativa al congedo di maternità;
c) per "congedo parentale", si intende l'astensione facoltativa della lavoratrice o del lavoratore;
d) per "congedo per la malattia del figlio" si intende l'astensione facoltativa dal lavoro della lavoratrice o del lavoratore in dipendenza della malattia stessa;
e) per "lavoratrice" o "lavoratore", salvo che non sia altrimenti specificato, si intendono i dipendenti, compresi quelli con contratto di apprendistato, di amministrazioni pubbliche, di privati datori di lavoro nonché i soci lavoratori di cooperative.
2. Le indennità di cui al presente testo unico corrispondono, per le pubbliche amministrazioni, ai trattamenti economici previsti, ai sensi della legislazione vigente, da disposizioni normative e contrattuali. I trattamenti economici non possono essere inferiori alle predette indennità.
***

La presente monografia potrà essere letta in modo lineare o consultata per argomenti, con i vari istituti suddivisi in capitoli distinti, con una parte normativa e un'ampia casistica giurisprudenziale.

---

[1] Articolo così sostituito dall'articolo 2, comma 1, lettera a) del Dlgs. 25 gennaio 2010, n. 5.

2. Il congedo di paternità

Normativa:

CAPO IV
Congedo di paternità

ARTICOLO N.28

Congedo di paternità (legge 9 dicembre 1977, n. 903, art. 6-bis, commi 1 e 2)

1. Il padre lavoratore ha diritto di astenersi dal lavoro per tutta la durata del congedo di maternità o per la parte residua che sarebbe spettata alla lavoratrice, in caso di morte o di grave infermità della madre ovvero di abbandono, nonché in caso di affidamento esclusivo del bambino al padre.
2. Il padre lavoratore che intenda avvalersi del diritto di cui al comma 1 presenta al datore di lavoro la certificazione relativa alle condizioni ivi previste. In caso di abbandono, il padre lavoratore ne rende dichiarazione ai sensi dell'articolo 47 del decreto del Presidente della Repubblica 28 dicembre 2000, n. 445.

ARTICOLO N.29

Trattamento economico e normativo (legge 9 dicembre 1977, n. 903, art. 6-bis, comma 3)

1. Il trattamento economico e normativo è quello spettante ai sensi degli articoli 22e 23.

ARTICOLO N.30

Trattamento previdenziale

1. Il trattamento previdenziale è quello previsto dall'articolo 25.

ARTICOLO N.31

(Adozioni e affidamenti).

Art. 31.
1. Il congedo di cui all'articolo 26, commi 1, 2 e 3, che non sia stato chiesto dalla lavoratrice spetta, alle medesime condizioni, al lavoratore.
2. Il congedo di cui all'articolo 26, comma 4, spetta, alle medesime condizioni, al lavoratore. L'ente autorizzato che ha ricevuto l'incarico di curare la procedura di adozione certifica la durata del periodo di permanenza all'estero del lavoratore (1).
(1) Articolo sostituito dall'articolo 2, comma 454, della legge 24 dicembre 2007, n. 244.

Giurisprudenza:

Autorità: Corte giustizia UE sez. IV

Data: 19/09/2013

n. 5

Parti: B.M. **C.** Instituto Nacional de la Seguridad Social

Fonti: Rivista Italiana di Diritto del Lavoro 2014, 3, II, 711 (s.m.) (nota di: DE FELICE)

Classificazioni: UNIONE EUROPEA - Ce - - politica sociale

Maternità e paternità - Diritto a un congedo in favore delle madri lavoratrici subordinate - Possibile utilizzo da parte del padre lavoratore subordinato - Madre lavoratrice autonoma e non iscritta a un regime pubblico di previdenza sociale - Esclusione del diritto per il padre lavoratore subordinato.

La direttiva n. 92/85/Cee del 19 ottobre 1992, riguardante il miglioramento della sicurezza e della salute sul lavoro delle lavoratrici gestanti, puerpere o in periodo di allattamento, e la direttiva n. 76/207/Cee del 9 febbraio 1976, sul principio di parità di trattamento fra uomini e donne per quanto concerne le condizioni di lavoro, sanciscono l'inapplicabilità di una norma nazionale la quale prevede che un lavoratore subordinato possa usufruire di un congedo di maternità facoltativo post parto, nel caso in cui la madre, lavoratrice autonoma, sia iscritta a un regime di previdenza professionale speciale. L'acquisizione del diritto in capo al padre a titolo derivativo è ammessa solo quando ambedue i genitori siano lavoratori subordinati, soggetti a un regime pubblico di previdenza sociale, e sempre che non sussista un pericolo per la salute della madre.

Autorità: Cassazione civile sez. lav.

Data: 11/07/2012

n. 11676

Parti: Soc. Bencivenni **C. M.**

Fonti: Diritto & Giustizia 2012, 12 luglio (nota di: DI GERONIMO)

Classificazioni: LAVORO SUBORDINATO (Rapporto di) - Estinzione e risoluzione del rapporto: dimissioni - - volontarie

Le dimissioni del lavoratore padre non necessitano di convalida presso l'ispettorato del lavoro se questi non abbia previamente fruito di congedo di paternità oppure se il datore di lavoro ignori che il lavoratore sia diventato padre.

Autorità: Cassazione civile sez. lav.

Data: 11/07/2012

n. 11676

Parti: Soc. Bencivenni **C. M.**

Fonti: Giustizia Civile Massimario 2012, 7-8, 902
Giustizia Civile 2013, 7-8, I, 1466

Classificazioni: LAVORO SUBORDINATO (Rapporto di) - Estinzione e risoluzione del rapporto: dimissioni - - volontarie

Lavoro subordinato (rapporto di) - Donne e fanciulli - Diritto alla conservazione del posto - Dimissioni del lavoratore padre presentate durante il periodo di divieto di licenziamento - Estensione delle tutele previste per il caso di licenziamento - Condizioni - Fruizione del congedo di paternità - Fondamento

In tema di dimissioni del lavoratore padre, l'estensione delle tutele previste per il caso di licenziamento in periodo di fruizione del congedo e fino al compimento di un anno di età del bambino anche al padre lavoratore, per il caso di dimissione volontarie presentate durante il periodo di divieto di licenziamento, è condizionata alla fruizione del congedo di paternità, in quanto altrimenti il datore di lavoro, che normalmente non conosce la situazione familiare del dipendente se non a seguito della fruizione del congedo, non potrebbe, in contrasto con il principio della certezza dei rapporti giuridici, accettare le dimissioni del lavoratore senza cautelativamente disporne la convalida dinanzi al Servizio ispettivo del Ministero del lavoro.

Autorità: Cassazione civile sez. lav.

Data: 11/07/2012

n. 11676

Parti: Soc. Bencivenni **C. M.**

Fonti: Foro it. 2012, 11, I, 3014 (s.m.) (nota di: GENTILE)

Classificazioni: LAVORO SUBORDINATO (Rapporto di) - Estinzione e risoluzione del rapporto: dimissioni - - volontarie

La richiesta di dimissioni presentata dal padre lavoratore durante il primo anno di vita del bambino va convalidata dal servizio ispettivo del Ministero del lavoro competente, pena l'inefficacia delle dimissioni, soltanto allorquando il lavoratore abbia fruito di congedo di paternità.

Autorità: Corte giustizia UE sez. I

Data: 16/09/2010

n. 149

Parti: Zoi Chatzi **C.** Ypourgos Oikonomikon

Fonti: Riv. it. dir. lav. 2011, 2, II, 495 (s.m.) (nota di: De Falco)

Classificazioni: UNIONE EUROPEA - Ce - - politica sociale

Maternità e paternità - Nascita di gemelli - accordo-quadro allegato alla direttiva n. 1996/34/Ce - Automatico raddoppio della durata del congedo parentale - Esclusione - Previsioni specifiche da parte del legislatore nazionale - Necessità.

La clausola 2.1 dell'accordo-quadro sul congedo parentale del 14 dicembre 1995 non deve essere interpretata nel senso che la nascita di gemelli conferisce un diritto a tanti congedi parentali per quanti sono i figli nati. Tuttavia, sulla base del principio di parità di trattamento, il legislatore nazionale è tenuto ad istituire un regime di congedo parentale che, in funzione della situazione esistente nello Stato membro, garantisca ai genitori di gemelli un trattamento che tenga debitamente conto delle loro particolari esigenze.

Autorità: Corte giustizia UE sez. I

Data: 16/09/2010

n. 149

Parti: Zoi Chatzi **C.** Ypourgos Oikonomikon

Fonti: Riv. it. dir. lav. 2011, 2, II, 495 (s.m.) (nota di: De Falco)
Nuovo not. giur. 2011, 1, 218

Classificazioni: UNIONE EUROPEA - Ce - - politica sociale

Maternità e paternità - Congedi parentali - accordo-quadro allegato alla direttiva n. 1996/34/Ce - Titolarità del diritto al congedo - Attribuzione al figlio - Esclusione.

La clausola 2.1 dell'accordo-quadro sul congedo parentale del 14 dicembre 1995, contenuto nell'allegato della direttiva 96/34/Ce, non può essere interpretata nel senso che conferisce al figlio in quanto tale un diritto individuale al congedo parentale.

Autorità: Corte giustizia UE sez. III

Data: 01/07/2010

n. 194

Parti: Gassmayr **C.** Bundesminister für Wissenschaft und Forschung

Fonti: Riv. it. dir. lav. 2011, 1, II, 202 (s.m.) (nota di: De Gregorio)

Classificazioni: UNIONE EUROPEA - Ce - - politica sociale

Maternità e paternità - Direttiva 92/85/CE - Lavoratrice dispensata dal lavoro durante la gravidanza o in congedo di maternità - Retribuzione - Diritto a indennità per servizi di guardia - Esclusione.

La lavoratrice temporaneamente dispensata dal lavoro a causa della gravidanza ovvero la lavoratrice in congedo di maternità ha diritto a una retribuzione equivalente allo stipendio medio dalla stessa percepito nel corso di un periodo di riferimento anteriore all'inizio della gravidanza, con l'esclusione degli elementi della retribuzione o delle indennità che dipendono dall'esercizio di funzioni specifiche in condizioni particolari, tra cui l'indennità per servizi di guardia.

Autorità: Corte giustizia UE sez. I

Data: 22/04/2010

n. 486

Parti: Zentralbetriebstrat Tirol **C.** Land Tirol

Fonti: Riv. it. dir. lav. 2010, 4, II, 1030 (s.m.) (nota di: Poggio)

Classificazioni: UNIONE EUROPEA - Ce - - politica sociale

Maternità e paternità - Congedi parentali - Direttiva 96/34/CE - Norma nazionale che prevede la perdita del diritto alle ferie retribuite dell'anno precedente per i lavoratori che si siano avvalsi dei congedi parentali - Discriminazione dei genitori in congedo parentale - Sussiste.

La clausola 2, punto 6, dell'accordo-quadro sui congedi parentali, allegato alla direttiva 96/34/Ce, osta a una disposizione nazionale a norma della quale i lavoratori che si avvalgono del loro diritto al congedo parentale di due anni perdono, al termine di tale congedo, i diritti alle ferie annuali retribuite maturati nell'anno precedente alla nascita del loro figlio.

Autorità: Tribunale Firenze

Data: 16/11/2009

n.

Parti: Del Mastro **C.** Inps

Fonti: DL Riv. critica dir. lav. 2010, 1, 288 (s.m.) (nota di: Ranfagni)

Classificazioni: LAVORO SUBORDINATO (Rapporto di) - Donne e fanciulli - - lavoratrici madri

Alla luce dei principi sanciti in materia dalla Corte costituzionale, ai fini del godimento da parte del padre lavoratore del congedo di paternità ex art. 28, d.lg. 26 marzo 2001 n. 151, in sostituzione della madre deceduta o invalida, non è necessario che quest'ultima sia o sia stata lavoratrice, e abbia versato i contributi all'ente previdenziale di competenza.

Autorità: Cassazione civile sez. lav.

Data: 16/06/2008

n. 16207

Parti: Soc. Electrolux **C. M.**

Fonti: Riv. it. dir. lav. 2009, 2, II, 277 (s.m.) (nota di: Calafà)
Ragiusan 2010, 309-310, 256 (s.m)

Classificazioni: LAVORO SUBORDINATO (Rapporto di) - Estinzione e risoluzione del rapporto: licenziamento - - per giusta causa

Maternità e paternità - Congedo di paternità - Utilizzo per lo svolgimento di altra attività lavorativa - Giusta causa di licenziamento - Sussistenza.

L'art. 32, comma 1, lett. b), d.lg. n. 151/01, nel prevedere - in attuazione della legge-delega 8 marzo 2000 n. 53 - che il lavoratore possa astenersi dal lavoro nei primi otto anni di vita del figlio, percependo dall'ente previdenziale un'indennità commisurata ad una parte della retribuzione, configura un diritto potestativo che il padre-lavoratore può esercitare nei confronti del datore di lavoro, nonché dell'ente tenuto all'erogazione dell'indennità, onde garantire con la propria presenza il soddisfacimento dei bisogni affettivi del bambino e della sua esigenza di un pieno inserimento nella famiglia; pertanto, ove si accerti che il periodo di congedo viene invece utilizzato dal padre per svolgere una diversa attività lavorativa, si configura un abuso per sviamento dalla funzione propria del diritto, idoneo ad essere valutato dal giudice ai fini della sussistenza di una giusta causa di licenziamento, non assumendo rilievo che lo svolgimento di tale attività contribuisca ad una migliore organizzazione della famiglia (fattispecie in cui un lavoratore aveva utilizzato il congedo parentale per aiutare la moglie nel gestire una pizzeria di sua proprietà).

Autorità: Corte giustizia UE sez. IV

Data: 19/09/2013

n. 5

Parti: B.M. **C.** Instituto Nacional de la Seguridad Social

Fonti: Rivista Italiana di Diritto del Lavoro 2014, 3, II, 711 (s.m.) (nota di: DE FELICE)

Classificazioni: UNIONE EUROPEA - Ce - - politica sociale

Maternità e paternità - Diritto a un congedo in favore delle madri lavoratrici subordinate - Possibile utilizzo da parte del padre lavoratore subordinato - Madre lavoratrice autonoma e non iscritta a un regime pubblico di previdenza sociale - Esclusione del diritto per il padre lavoratore subordinato.

La direttiva n. 92/85/Cee del 19 ottobre 1992, riguardante il miglioramento della sicurezza e della salute sul lavoro delle lavoratrici gestanti, puerpere o in periodo di allattamento, e la direttiva n. 76/207/Cee del 9 febbraio 1976, sul principio di parità di trattamento fra uomini e donne per quanto concerne le condizioni di lavoro, sanciscono l'inapplicabilità di una norma nazionale la quale prevede che un lavoratore subordinato possa usufruire di un congedo di maternità facoltativo post parto, nel caso in cui la madre, lavoratrice autonoma, sia iscritta a un regime di previdenza professionale speciale. L'acquisizione del diritto in capo al padre a titolo derivativo è ammessa solo quando ambedue i genitori siano lavoratori subordinati, soggetti a un regime pubblico di previdenza sociale, e sempre che non sussista un pericolo per la salute della madre.

Autorità: Cassazione civile sez. lav.

Data: 11/07/2012

n. 11676

Parti: Soc. Bencivenni **C.** M.

Fonti: Diritto & Giustizia 2012, 12 luglio (nota di: DI GERONIMO)

Classificazioni: LAVORO SUBORDINATO (Rapporto di) - Estinzione e risoluzione del rapporto: dimissioni - - volontarie

Le dimissioni del lavoratore padre non necessitano di convalida presso l'ispettorato del lavoro se questi non abbia previamente fruito di congedo di paternità oppure se il datore di lavoro ignori che il lavoratore sia diventato padre.

Autorità: Cassazione civile sez. lav.

Data: 11/07/2012

n. 11676

Parti: Soc. Bencivenni **C. M.**

Fonti: Giustizia Civile Massimario 2012, 7-8, 902
Giustizia Civile 2013, 7-8, I, 1466

Classificazioni: LAVORO SUBORDINATO (Rapporto di) - Estinzione e
risoluzione del rapporto: dimissioni - - volontarie

**Lavoro subordinato (rapporto di) - Donne e fanciulli - Diritto alla
conservazione del posto - Dimissioni del lavoratore padre presentate
durante il periodo di divieto di licenziamento - Estensione delle
tutele previste per il caso di licenziamento - Condizioni - Fruizione
del congedo di paternità - Fondamento**

In tema di dimissioni del lavoratore padre, l'estensione delle tutele previste
per il caso di licenziamento in periodo di fruizione del congedo e fino al
compimento di un anno di età del bambino anche al padre lavoratore, per il
caso di dimissione volontarie presentate durante il periodo di divieto di
licenziamento, è condizionata alla fruizione del congedo di paternità, in
quanto altrimenti il datore di lavoro, che normalmente non conosce la
situazione familiare del dipendente se non a seguito della fruizione del
congedo, non potrebbe, in contrasto con il principio della certezza dei
rapporti giuridici, accettare le dimissioni del lavoratore senza
cautelativamente disporne la convalida dinanzi al Servizio ispettivo del
Ministero del lavoro.

Autorità: Cassazione civile sez. lav.

Data: 11/07/2012

n. 11676

Parti: Soc. Bencivenni **C. M.**

Fonti: Foro it. 2012, 11, I, 3014 (s.m.) (nota di: GENTILE)

Classificazioni: LAVORO SUBORDINATO (Rapporto di) - Estinzione e risoluzione del rapporto: dimissioni - - volontarie

La richiesta di dimissioni presentata dal padre lavoratore durante il primo anno di vita del bambino va convalidata dal servizio ispettivo del Ministero del lavoro competente, pena l'inefficacia delle dimissioni, soltanto allorquando il lavoratore abbia fruito di congedo di paternità.

Autorità: Corte giustizia UE sez. I

Data: 16/09/2010

n. 149

Parti: Zoi Chatzi **C.** Ypourgos Oikonomikon

Fonti: Riv. it. dir. lav. 2011, 2, II, 495 (s.m.) (nota di: De Falco)

Classificazioni: UNIONE EUROPEA - Ce - - politica sociale

Maternità e paternità - Nascita di gemelli - accordo-quadro allegato alla direttiva n. 1996/34/Ce - Automatico raddoppio della durata del congedo parentale - Esclusione - Previsioni specifiche da parte del legislatore nazionale - Necessità.

La clausola 2.1 dell'accordo-quadro sul congedo parentale del 14 dicembre 1995 non deve essere interpretata nel senso che la nascita di gemelli conferisce un diritto a tanti congedi parentali per quanti sono i figli nati. Tuttavia, sulla base del principio di parità di trattamento, il legislatore nazionale è tenuto ad istituire un regime di congedo parentale che, in funzione della situazione esistente nello Stato membro, garantisca ai genitori di gemelli un trattamento che tenga debitamente conto delle loro particolari esigenze.

Autorità: Corte giustizia UE sez. I

Data: 16/09/2010

n. 149

Parti: Zoi Chatzi **C.** Ypourgos Oikonomikon

Fonti: Riv. it. dir. lav. 2011, 2, II, 495 (s.m.) (nota di: De Falco)

Nuovo not. giur. 2011, 1, 218

Classificazioni: UNIONE EUROPEA - Ce - - politica sociale

Maternità e paternità - Congedi parentali - accordo-quadro allegato alla direttiva n. 1996/34/Ce - Titolarità del diritto al congedo - Attribuzione al figlio - Esclusione.

La clausola 2.1 dell'accordo-quadro sul congedo parentale del 14 dicembre 1995, contenuto nell'allegato della direttiva 96/34/Ce, non può essere interpretata nel senso che conferisce al figlio in quanto tale un diritto individuale al congedo parentale.

Autorità: Corte giustizia UE sez. III

Data: 01/07/2010

n. 194

Parti: Gassmayr **C.** Bundesminister für Wissenschaft und Forschung

Fonti: Riv. it. dir. lav. 2011, 1, II, 202 (s.m.) (nota di: De Gregorio)

Classificazioni: UNIONE EUROPEA - Ce - - politica sociale

Maternità e paternità - Direttiva 92/85/CE - Lavoratrice dispensata dal lavoro durante la gravidanza o in congedo di maternità - Retribuzione - Diritto a indennità per servizi di guardia - Esclusione.

La lavoratrice temporaneamente dispensata dal lavoro a causa della gravidanza ovvero la lavoratrice in congedo di maternità ha diritto a una retribuzione equivalente allo stipendio medio dalla stessa percepito nel corso di un periodo di riferimento anteriore all'inizio della gravidanza, con l'esclusione degli elementi della retribuzione o delle indennità che dipendono dall'esercizio di funzioni specifiche in condizioni particolari, tra cui l'indennità per servizi di guardia.

Autorità: Corte giustizia UE sez. I

Data: 22/04/2010

n. 486

Parti: Zentralbetriebstrat Tirol **C.** Land Tirol

Roberto Colantonio

Fonti: Riv. it. dir. lav. 2010, 4, II, 1030 (s.m.) (nota di: Poggio)

Classificazioni: UNIONE EUROPEA - Ce - - politica sociale

Maternità e paternità - Congedi parentali - Direttiva 96/34/CE - Norma nazionale che prevede la perdita del diritto alle ferie retribuite dell'anno precedente per i lavoratori che si siano avvalsi dei congedi parentali - Discriminazione dei genitori in congedo parentale - Sussiste.

La clausola 2, punto 6, dell'accordo-quadro sui congedi parentali, allegato alla direttiva 96/34/Ce, osta a una disposizione nazionale a norma della quale i lavoratori che si avvalgono del loro diritto al congedo parentale di due anni perdono, al termine di tale congedo, i diritti alle ferie annuali retribuite maturati nell'anno precedente alla nascita del loro figlio.

3. Il congedo parentale

Normativa:

CAPO V
Congedo parentale

ARTICOLO N.32

Congedo parentale (legge 30 dicembre 1971, n. 1204, articoli 1, comma 4, e 7, commi 1, 2 e 3)

1. Per ogni bambino, nei primi suoi otto anni di vita, ciascun genitore ha diritto di astenersi dal lavoro secondo le modalità stabilite dal presente articolo. I relativi congedi parentali dei genitori non possono complessivamente eccedere il limite di dieci mesi, fatto salvo il disposto del comma 2 del presente articolo. Nell'ambito del predetto limite, il diritto di astenersi dal lavoro compete:
a) alla madre lavoratrice, trascorso il periodo di congedo di maternità di cui al Capo III, per un periodo continuativo o frazionato non superiore a sei mesi (1);
b) al padre lavoratore, dalla nascita del figlio, per un periodo continuativo o frazionato non superiore a sei mesi, elevabile a sette nel caso di cui al comma 2;
c) qualora vi sia un solo genitore, per un periodo continuativo o frazionato non superiore a dieci mesi.
1-bis. La contrattazione collettiva di settore stabilisce le modalità di fruizione del congedo di cui al comma 1 su base oraria, nonché i criteri di calcolo della base oraria e l'equiparazione di un determinato monte ore alla singola giornata lavorativa. Per il personale del comparto sicurezza e difesa di quello dei vigili del fuoco e soccorso pubblico, la disciplina collettiva prevede, altresì, al fine di tenere conto delle peculiari esigenze di funzionalità connesse all'espletamento dei relativi servizi istituzionali, specifiche e diverse modalità di fruizione e di differimento del congedo (2).
2. Qualora il padre lavoratore eserciti il diritto di astenersi dal lavoro per un periodo continuativo o frazionato non inferiore a tre mesi, il limite complessivo dei congedi parentali dei genitori è elevato a undici mesi.
3. Ai fini dell'esercizio del diritto di cui al comma 1, il genitore è tenuto, salvo casi di oggettiva impossibilità, a preavvisare il datore di lavoro secondo le modalità e i criteri definiti dai contratti collettivi, e comunque con un termine di preavviso non inferiore a quindici giorni con l'indicazione dell'inizio e della fine del periodo di congedo (3) .
4. Il congedo parentale spetta al genitore richiedente anche qualora l'altro genitore non ne abbia diritto .

4-bis. Durante il periodo di congedo, il lavoratore e il datore di lavoro concordano, ove necessario, adeguate misure di ripresa dell'attivita' lavorativa, tenendo conto di quanto eventualmente previsto dalla contrattazione collettiva (4).

(1) Vedi l'articolo 4, comma 24, lett. b), della L. 28 giugno 2012, n. 92.

(2) Comma inserito dall'articolo 1, comma 339, lettera a), della Legge 24 dicembre 2012, n. 228.

(3) Comma modificato dall'articolo 1, comma 339, lettera b), della Legge 24 dicembre 2012, n. 228.

(4) Comma aggiunto dall'articolo 1, comma 339, lettera c), della Legge 24 dicembre 2012, n. 228.

ARTICOLO N.33

Prolungamento del congedo (legge 5 febbraio 1992, n. 104, art. 33, commi 1 e 2; legge 8 marzo 2000, n. 53, art. 20)

1. Per ogni minore con handicap in situazione di gravità accertata ai sensi dell'articolo 4, comma 1, della legge 5 febbraio 1992, n. 104, la lavoratrice madre o, in alternativa, il lavoratore padre, hanno diritto, entro il compimento dell'ottavo anno di vita del bambino, al prolungamento del congedo parentale, fruibile in misura continuativa o frazionata, per un periodo massimo, comprensivo dei periodi di cui all'articolo 32, non superiore a tre anni, a condizione che il bambino non sia ricoverato a tempo pieno presso istituti specializzati, salvo che, in tal caso, sia richiesta dai sanitari la presenza del genitore (1).

2. In alternativa al prolungamento del congedo possono essere fruiti i riposi di cui all'articolo 42, comma 1.

3. Il congedo spetta al genitore richiedente anche qualora l'altro genitore non ne abbia diritto.

4. [Resta fermo il diritto di fruire del congedo di cui all'articolo 32.] Il prolungamento di cui al comma 1 decorre dal termine del periodo corrispondente alla durata massima del congedo parentale spettante al richiedente ai sensi dell'articolo 32 (2).

(1) Comma sostituito dall'articolo 3, comma 1, lettera a), del D.L.g.s. 18 luglio 2011, n. 119.

(2) Comma modificato dall'articolo 3, comma 1, lettera b), del D.L.g.s. 18 luglio 2011, n. 119.

ARTICOLO N.34

Trattamento economico e normativo (legge 30 dicembre 1971, n. 1204, articoli 15, commi 2 e 4, e 7, comma 5)

1. Per i periodi di congedo parentale di cui all'articolo 32 alle lavoratrici e ai lavoratori è dovuta fino al terzo anno di vita del bambino, un'indennità pari al 30 per cento della retribuzione, per un periodo massimo complessivo tra i genitori di sei mesi. L'indennità è calcolata secondo quanto previsto all'articolo 23, ad esclusione del comma 2 dello stesso.
2. Si applica il comma 1 per tutto il periodo di prolungamento del congedo di cui all'articolo 33.
3. Per i periodi di congedo parentale di cui all'articolo 32ulteriori rispetto a quanto previsto ai commi 1 e 2 è dovuta un'indennità pari al 30 per cento della retribuzione, a condizione che il reddito individuale dell'interessato sia inferiore a 2,5 volte l'importo del trattamento minimo di pensione a carico dell'assicurazione generale obbligatoria. Il reddito è determinato secondo i criteri previsti in materia di limiti reddituali per l'integrazione al minimo.
4. L'indennità è corrisposta con le modalità di cui all'articolo 22, comma 2.
5. I periodi di congedo parentale sono computati nell'anzianità di servizio, esclusi gli effetti relativi alle ferie e alla tredicesima mensilità o alla gratifica natalizia.
6. Si applica quanto previsto all'articolo 22, commi 4, 6 e 7. (1)
(1) In deroga a quanto previsto dal presente articolo, gli articoli 21 e 58 del D.P.R. n. 164/2002 dispone che al personale con figli minori di tre anni che intende avvalersi del congedo parentale, sono concessi il congedo straordinario e la licenza straordinaria sino alla misura complessiva di quarantacinque giorni, anche frazionati, nell'arco del triennio e comunque entro il limite massimo annuale previsto per il medesimo istituto. La presente disposizione si applica anche ai fini della definizione dei procedimenti in corso alla data di entrata in vigore del d.p.r. 18 giugno 2002, n. 164(2).
(2) In riferimento al presente articolo vedi: Circolare INPS 2 marzo 2009, n. 36.

ARTICOLO N.35

Trattamento previdenziale (legge 30 dicembre 1971, n. 1204, art. 15, comma 2, lettere a) e b); decreto legislativo 16 settembre 1996, n. 564, articoli 2, commi 2, 3 e 5)

1. I periodi di congedo parentale che danno diritto al trattamento economico e normativo di cui all'articolo 34, commi 1 e 2, sono coperti da contribuzione figurativa. Si applica quanto previsto al comma 1 dell'articolo 25.
2. I periodi di congedo parentale di cui all'articolo 34, comma 3, compresi quelli che non danno diritto al trattamento economico, sono coperti da contribuzione figurativa, attribuendo come valore retributivo per tale

periodo il 200 per cento del valore massimo dell'assegno sociale, proporzionato ai periodi di riferimento, salva la facoltà di integrazione da parte dell'interessato, con riscatto ai sensi dell'articolo 13 della legge 12 agosto 1962, n. 1338, ovvero con versamento dei relativi contributi secondo i criteri e le modalità della prosecuzione volontaria.

3. Per i dipendenti di amministrazioni pubbliche e per i soggetti iscritti ai fondi sostitutivi dell'assicurazione generale obbligatoria gestita dall'Istituto nazionale previdenza sociale (INPS) ai quali viene corrisposta una retribuzione ridotta o non viene corrisposta alcuna retribuzione nei periodi di congedo parentale, sussiste il diritto, per la parte differenziale mancante alla misura intera o per l'intera retribuzione mancante, alla contribuzione figurativa da accreditare secondo le disposizioni di cui all'articolo 8 della legge 23 aprile 1981, n. 155.

4. Gli oneri derivanti dal riconoscimento della contribuzione figurativa di cui al comma 3, per i soggetti iscritti ai fondi esclusivi o sostitutivi dell'assicurazione generale obbligatoria, restano a carico della gestione previdenziale cui i soggetti medesimi risultino iscritti durante il predetto periodo.

5. Per i soggetti iscritti al fondo pensioni lavoratori dipendenti e alle forme di previdenza sostitutive ed esclusive dell'assicurazione generale obbligatoria per l'invalidità, la vecchiaia e i superstiti, i periodi non coperti da assicurazione e corrispondenti a quelli che danno luogo al congedo parentale, collocati temporalmente al di fuori del rapporto di lavoro, possono essere riscattati, nella misura massima di cinque anni, con le modalità di cui all'articolo 13 della legge 12 agosto 1962, n. 1338, e successive modificazioni, a condizione che i richiedenti possano far valere, all'atto della domanda, complessivamente almeno cinque anni di contribuzione versata in costanza di effettiva attività lavorativa (1).

(1) Per l'applicazione del presente articolo vedi l'articolo 2, comma 504, della legge 24 dicembre 2007, n. 244.

ARTICOLO N.36
(Adozioni e affidamenti).

Art. 36.

1. Il congedo parentale di cui al presente Capo spetta anche nel caso di adozione, nazionale e internazionale, e di affidamento.

2. Il congedo parentale può essere fruito dai genitori adottivi e affidatari, qualunque sia l'età del minore, entro otto anni dall'ingresso del minore in famiglia, e comunque non oltre il raggiungimento della maggiore età.

3. L'indennità di cui all'articolo 34, comma 1, è dovuta, per il periodo massimo complessivo ivi previsto, nei primi tre anni dall'ingresso del minore in famiglia (1).

(1) Articolo sostituito dall'articolo 2, comma 455, della legge 24 dicembre 2007, n. 244.

ARTICOLO N.37
Adozioni e affidamenti preadottivi internazionali (legge 9 dicembre 1977, n. 903, art. 6, comma 2; legge 4 maggio 1983, n. 184, art. 31, comma 3, lettera n), e art. 39-quater, lettera b)

[1. In caso di adozione e di affidamento preadottivo internazionali si applicano le disposizioni dell'articolo 36.
2. L'Ente autorizzato che ha ricevuto l'incarico di curare la procedura di adozione certifica la durata del congedo parentale] (1).

(1) Articolo abrogato dall'articolo 2, comma 456, della legge 24 dicembre 2007, n. 244.

ARTICOLO N.38
Sanzioni (legge 30 dicembre 1971, n. 1204, art. 31, comma 3)

1. Il rifiuto, l'opposizione o l'ostacolo all'esercizio dei diritti di assenza dal lavoro di cui al presente Capo sono puniti con la sanzione amministrativa da euro 516 a euro 2.582.

Giurisprudenza:

Autorità: T.A.R. Torino sez. I

Data: 20/02/2015

n. 345

Parti: M. ed altro **C.** Ministero giustizia ed altro

Fonti: Redazione Foro amministrativo 2015, 2

Classificazioni: AGENTI E FUNZIONARI DI P.S. (POLIZIA DI STATO) - Corpo Guardie di P. S. (ora Polizia di Stato) - - licenze e permessi

Agenti e funzionari di Polizia di Stato - Polizia di Stato - Licenze e

permessi - Congedo parenterale - Parto gemellare - Art. 21, d.P.R. n. 164 del 2002 - Applicabilità ad entrambi i figli.

L'art. 21, d.P.R. 18 giugno 2002 n. 164, nello stabilire che al personale appartenente alla Polizia di Stato con figli minori di tre anni, che intende avvalersi del congedo parentale previsto dall'art. 32, t.u. 26 marzo 2001 n. 151, è concesso il congedo straordinario integralmente retribuito, sino alla misura complessiva di quarantacinque giorni, anche frazionati, nell'arco del triennio, introduce una disciplina derogatoria in tutte le ipotesi in cui il congedo parentale spetta e quindi, in caso di parto gemellare, nei riguardi di entrambi i figli.

Autorità: Cassazione civile sez. lav.

Data: 07/07/2014

n. 15435

Parti: Soc. Poste it. **C.** Idone

Fonti: Diritto & Giustizia 2014, 8 luglio
Giustizia Civile Massimario 2014

Classificazioni: LAVORO SUBORDINATO (Rapporto di) - Diritti e doveri delle parti - - aspettative e permessi

LAVORO SUBORDINATO (Rapporto di) - Diritti e doveri delle parti - in genere - Permessi ex art. 33, comma 3, della legge n. 104 del 1992 - Computabilità ai fini della 13^ mensilità o della gratifica natalizia - Esclusione - Limiti.

La limitazione della computabilità, ai fini della tredicesima mensilità o della gratifica natalizia, dei permessi di cui all'art. 33, comma 3, della legge 5 febbraio 1992, n. 104, in forza del richiamo operato dal successivo comma 4 all'ultimo comma dell'art. 7 della legge 30 dicembre 1971, n. 1204 (abrogato dal d.lgs. 26 marzo 2001, n. 151, che ne ha tuttavia recepito il contenuto negli artt. 34 e 51), opera soltanto nei casi in cui essi debbano cumularsi effettivamente con il congedo parentale ordinario - che può determinare una significativa sospensione della prestazione lavorativa - e con il congedo per malattia del figlio, per i quali compete un'indennità inferiore alla retribuzione normale (diversamente dall'indennità per i permessi ex lege n. 104 del 1992 commisurata all'intera retribuzione), risultando detta interpretazione idonea ad evitare che l'incidenza sulla retribuzione possa essere di aggravio della situazione dei congiunti del portatore di handicap e disincentivare l'utilizzazione del permesso.

Autorità: Cassazione civile sez. lav.

Data: 02/07/2014

n. 15078

Parti: Infocamere S.p.A. **C.** A.R.

Fonti: Diritto & Giustizia 2014, 3 luglio

Classificazioni: LAVORO SUBORDINATO (Rapporto di) - Diritti e doveri delle parti - - aspettative e permessi

La circolare INPS n. 109 del 2000 non può mettere in discussione il diritto al congedo parentale, come previsto per legge, ma solo le conseguenze (eventualmente negative anche per il lavoratore, sotto un profilo meramente retributivo) derivanti dall'omissione degli adempimenti richiesti, sicchè deve ritenersi illegittimo e arbitrario il licenziamento predisposto nei confronti di un lavoratore, assentatosi dal lavora chiedendo di usufruire di un congedo, quando alla base della motivazione vi sia il mancato rispetto della predetta circolare INPS.

Autorità: Tribunale Torino sez. lav.

Data: 09/05/2014

n. 1090

Parti: -

Fonti: Redazione Giuffrè 2014

Classificazioni: LAVORO SUBORDINATO (Rapporto di) - Diritti e doveri delle parti - - in genere

L'esercizio esasperatamente frazionato del congedo parentale si pone in contrasto con le esigenze aziendali tuttavia tali esigenze sono state considerate sub valenti dal legislatore (che non ha ritenuto di indicare intervalli minimi nella successione tra attività lavorativa e congedi) rispetto alla tutela della genitorialità e all'esigenza di appagare bisogni affettivi e relazionali dei bambini.

Autorità: Corte giustizia UE sez. III

Data: 27/02/2014

n. 588

Fonti: Diritto & Giustizia 2014, 28 febbraio (nota di: MILIZIA)
Diritto comunitario e degli scambi internazionali 2014, 1-2, 190 (s.m.)
(osservazione di: ADOBATI)

Classificazioni: UNIONE EUROPEA - Ce - - politica industriale e commerciale

La clausola 2, punto 4, dell'accordo quadro sul congedo parentale, concluso il 14 dicembre 1995, contenuto nell'allegato della direttiva 96/34/CE del Consiglio, del 3 giugno 1996, concernente l'accordo quadro sul congedo parentale concluso dall'UNICE, dal CEEP e dalla CES, come modificata dalla direttiva 97/75/CE del Consiglio, del 15 dicembre 1997, esaminata alla luce tanto degli obiettivi perseguiti da tale accordo quadro quanto del punto 6 della medesima clausola, deve essere interpretata nel senso che essa osta a che l'indennità forfettaria di tutela dovuta ad un lavoratore che fruisce di un congedo parentale a tempo parziale, in caso di risoluzione unilaterale da parte del datore di lavoro, senza motivo grave o adeguato, del contratto di tale lavoratore assunto a tempo indeterminato e a tempo pieno, sia determinata sulla base della retribuzione diminuita percepita da quest'ultimo alla data del suo licenziamento (la Corte si è così pronunciata nella controversia tra una società belga ed una lavoratrice per il calcolo dell'indennità forfettaria di tutela dovuta alla donna a seguito del suo licenziamento illegittimo, che aveva avuto luogo durante un congedo parentale a tempo parziale).

Autorità: Corte Costituzionale

Data: 22/11/2013

n. 280

Parti: M.F. **C.** Min. univ.

Fonti: Giurisprudenza Costituzionale 2013, 6, 4555

Classificazioni: MUTILATI E INVALIDI CIVILI - In genere

Mutilati e invalidi civili - In genere - Congedo parentale - Soggetti legittimati a fruirne - Mancata previsione del discendente di secondo grado convivente con persona affetta da disabilità grave, in assenza di altri soggetti idonei a prendersi cura della stessa - Sopravvenuta dichiarazione di illegittimità costituzionale della norma censurata - Questione divenuta priva di oggetto - Manifesta inammissibilità.

È manifestamente inammissibile la q.l.c. dell'art. 42, comma 5, d.lg. 26 marzo 2001, n. 151, censurato, in riferimento agli art. 2, 3 e 32, comma 1, cost., nella parte in cui non include nel novero dei soggetti legittimati a fruire del congedo ivi previsto il discendente di secondo grado convivente con persona affetta da handicap grave, in assenza di altri soggetti idonei a prendersi cura della stessa. Successivamente all'ordinanza di rimessione è stata dichiarata l'illegittimità costituzionale del citato art. 42, comma 5, nella parte in cui non include nel novero dei soggetti legittimati a fruire del congedo ivi previsto, e alle condizioni ivi stabilite, il parente o l'affine entro il terzo grado convivente con persona affetta da handicap grave, in caso di mancanza, decesso o in presenza di patologie invalidanti degli altri soggetti individuati dalla disposizione impugnata, idonei a prendersi cura della persona disabile, sicché la proposta questione è divenuta priva di oggetto (ordd. n. 111, 148, 156 del 2013).

Autorità: Corte giustizia UE sez. V

Data: 19/09/2013

n. 216

Parti: - C. -

Fonti: Guida al diritto 2013, 48, 94

Classificazioni: UNIONE EUROPEA - Circolazione delle persone - - in genere

Gli art. 1, lett. u), e i), e 4, par. 1, lett. h), del regolamento Cee n. 1408/71, relativo all'applicazione dei regimi di sicurezza sociale ai lavoratori subordinati, ai lavoratori autonomi e ai loro familiari che si spostano all'interno della Comunità, nella versione modificata e aggiornata dal regolamento Ce n. 118/97 devono essere interpretati nel senso che un'indennità di congedo parentale come quella istituita dalla legislazione lussemburghese costituisce una prestazione familiare ai sensi di detto regolamento.

Autorità: Corte giustizia UE sez. IV

Data: 20/06/2013

n. 7

Parti: Nadežda Riežniece **C.** Zemkopības ministrija, Lauku atbalsta dienests.

Fonti: Rivista Italiana di Diritto del Lavoro 2014, 3, II, 693 (s.m.) (nota di: DE FELICE)

Classificazioni: UNIONE EUROPEA - Ce - - politica sociale

Parità di trattamento - Soppressione di posti di dipendenti pubblici - Lavoratrice in congedo parentale - Criteri di valutazione determinanti uno svantaggio rispetto ai lavoratori non in congedo - Licenziamento al termine del congedo parentale - Discriminazione indiretta - Sussiste.

La direttiva 76/207/Cee del Consiglio, del 9 febbraio 1976, relativa all'attuazione del principio della parità di trattamento fra gli uomini e le donne per quanto riguarda l'accesso al lavoro, alla formazione e alla promozione professionale e le condizioni di lavoro, come modificata dalla direttiva 2002/73/Ce, e l'accordo quadro sul congedo parentale, concluso il 14 dicembre 1995, contenuto nell'allegato alla direttiva 96/34/Ce, come modificata dalla direttiva 97/75/Ce devono essere interpretati nel senso di ostare a che, ai fini della valutazione dei lavoratori nel contesto della soppressione di posti di dipendenti pubblici per difficoltà economiche a livello nazionale, una lavoratrice che ha fruito di un congedo parentale sia valutata in sua assenza sulla base di principi e criteri di valutazione che la pongano in una situazione di svantaggio rispetto ai lavoratori che non ne hanno usufruito. Per verificare che ciò non sia avvenuto, il giudice nazionale deve accertare, in particolare, che la valutazione abbia riguardato l'insieme dei lavoratori potenzialmente coinvolti dalla misura della soppressione del posto di lavoro, che sia stata effettuata con criteri rigorosamente identici a quelli applicati ai lavoratori in servizio attivo e che i criteri di valutazione applicati non richiedessero la necessaria presenza fisica della lavoratrice in congedo parentale. Spetta al giudice nazionale appurare se il datore di lavoro conoscesse in anticipo che il posto da sopprimere per una manovra economica nazionale avrebbe coinciso con quello coperto dalla lavoratrice ivi trasferita in seguito a una valutazione comparativa negativa al rientro dal congedo parentale.

Autorità: T.A.R. Bologna sez. I

Data: 26/04/2013

n. 317

Parti: G.G. **C.** Min. difesa e altro

Fonti: Foro amm. TAR 2013, 4, 1153 (s.m)

Classificazioni: IMPIEGATI DELLO STATO - Congedo ordinario e straordinario - - in genere

Impiegati dello Stato - Congedo ordinario e straordinario - In genere - Congedo parentale - Nell'Arma dei Carabinieri - Spettanza - Condizioni - Limiti - Conseguenze - Fattispecie.

Quanto all'ambito di applicazione dell'art. 58 comma 1, d.P.R. n. 164 del 2002, spetta il beneficio della licenza straordinaria — senza decurtazione del trattamento retributivo — anche nelle ipotesi di congedi parentali fruiti prima dell'anno 2002, in ragione della natura ricognitiva di detta previsione normativa, sicché il regime transitorio ivi considerato è da intendersi riferito ai rapporti pendenti, ovvero non ancora esauriti, all'epoca di subentro della disciplina di cui al d.P.R. 18 giugno 2002 n. 164, quali i casi di congedi parentali con recuperi stipendiali ancora in corso o neppure ancora deliberati, seppur relativi a periodi anteriori all'anno 2002: nella specie, l'interessato aveva goduto di astensioni dal servizio nel periodo novembre 2000/febbraio 2001 ma, alla data di entrata in vigore del d.P.R. n. 164 del 2002, non aveva ancora visto integralmente operate le relative decurtazioni stipendiali, così vantando egli titolo al beneficio del trattamento retributivo intero per i primi quarantacinque giorni di astensione per l'assistenza a figli minori di tre anni; trattandosi di due figlie entrambe nate il 21 settembre 1999 e, quindi, minori di tre anni al momento della fruizione del congedo, la pretesa risulta fondata, donde l'accoglimento del ricorso, con conseguente annullamento dei corrispondenti atti di recupero stipendiale e declaratoria del suo diritto alla restituzione delle relative somme incrementate d'interessi legali computati dal dovuto al saldo effettivo, spettandogli la rivalutazione monetaria solo nella misura in cui l'inflazione non risulti già assorbita dagli interessi legali, in applicazione del divieto di cumulo stabilito dall'art. 22 comma 36, l. n. 724 del 1994.

Autorità: Cassazione civile sez. lav.

Data: 21/01/2013

n. 1316

Parti: B.T. **C.** Min. Infrastrutture e trasp.

Fonti: Diritto e Giustizia online 2013, 22 gennaio (nota di: DULIO)

Classificazioni: LAVORO SUBORDINATO (Rapporto di) - Diritti e doveri delle parti - - aspettative e permessi

Il congedo parentale si configura come un diritto potestativo costituito dal comportamento con cui il titolare realizza da solo l'interesse tutelato e a cui fa riscontro, nell'altra parte, una mera soggezione alle conseguenze della dichiarazione di volontà. Pertanto, ai fini della determinazione del periodo di congedo parentale, si tiene conto dei giorni festivi solo nel caso in cui gli stessi rientrino interamente e senza soluzione di continuità nel periodo di fruizione e non anche nel caso in cui l'interessato rientri al lavoro nel giorno precedente a quello festivo e riprenda a godere del periodo di astensione da quello immediatamente successivo (fattispecie relativa all'azione promossa da una dipendente di Ministero e diretta ad accertare l'errata interpretazione da parte del datore della norma di cui all'art. 10, comma 2, lett. c), d), e) del C.C.N.L. 16/5/2001 in merito alla qualificazione come giorni di astensione facoltativa di alcuni giorni festivi).

Autorità: T.A.R. Torino sez. I

Data: 20/02/2015

n. 345

Parti: M. ed altro **C.** Ministero giustizia ed altro

Fonti: Redazione Foro amministrativo 2015, 2

Classificazioni: AGENTI E FUNZIONARI DI P.S. (POLIZIA DI STATO) - Corpo Guardie di P. S. (ora Polizia di Stato) - - licenze e permessi

Agenti e funzionari di Polizia di Stato - Polizia di Stato - Licenze e permessi - Congedo parenterale - Parto gemellare - Art. 21, d.P.R. n. 164 del 2002 - Applicabilità ad entrambi i figli.

L'art. 21, d.P.R. 18 giugno 2002 n. 164, nello stabilire che al personale appartenente alla Polizia di Stato con figli minori di tre anni, che intende avvalersi del congedo parentale previsto dall'art. 32, t.u. 26 marzo 2001 n. 151, è concesso il congedo straordinario integralmente retribuito, sino alla misura complessiva di quarantacinque giorni, anche frazionati, nell'arco del triennio, introduce una disciplina derogatoria in tutte le ipotesi in cui il congedo parentale spetta e quindi, in caso di parto gemellare, nei riguardi di entrambi i figli.

Autorità: Cassazione civile sez. lav.

Data: 07/07/2014

n. 15435

Parti: Soc. Poste it. **C.** Idone

Fonti: Diritto & Giustizia 2014, 8 luglio
Giustizia Civile Massimario 2014

Classificazioni: LAVORO SUBORDINATO (Rapporto di) - Diritti e doveri delle parti - - aspettative e permessi

LAVORO SUBORDINATO (Rapporto di) - Diritti e doveri delle parti - in genere - Permessi ex art. 33, comma 3, della legge n. 104 del 1992 - Computabilità ai fini della 13^ mensilità o della gratifica natalizia - Esclusione - Limiti.

La limitazione della computabilità, ai fini della tredicesima mensilità o della gratifica natalizia, dei permessi di cui all'art. 33, comma 3, della legge 5 febbraio 1992, n. 104, in forza del richiamo operato dal successivo comma 4 all'ultimo comma dell'art. 7 della legge 30 dicembre 1971, n. 1204 (abrogato dal d.lgs. 26 marzo 2001, n. 151, che ne ha tuttavia recepito il contenuto negli artt. 34 e 51), opera soltanto nei casi in cui essi debbano cumularsi effettivamente con il congedo parentale ordinario - che può determinare una significativa sospensione della prestazione lavorativa - e con il congedo per malattia del figlio, per i quali compete un'indennità inferiore alla retribuzione normale (diversamente dall'indennità per i permessi ex lege n. 104 del 1992 commisurata all'intera retribuzione), risultando detta interpretazione idonea ad evitare che l'incidenza sulla retribuzione possa essere di aggravio della situazione dei congiunti del portatore di handicap e disincentivare l'utilizzazione del permesso.

Autorità: Cassazione civile sez. lav.

Data: 02/07/2014

n. 15078

Parti: Infocamere S.p.A. **C.** A.R.

Fonti: Diritto & Giustizia 2014, 3 luglio

Classificazioni: LAVORO SUBORDINATO (Rapporto di) - Diritti e doveri delle parti - - aspettative e permessi

La circolare INPS n. 109 del 2000 non può mettere in discussione il diritto al congedo parentale, come previsto per legge, ma solo le conseguenze (eventualmente negative anche per il lavoratore, sotto un profilo meramente retributivo) derivanti dall'omissione degli adempimenti richiesti, sicchè deve ritenersi illegittimo e arbitrario il licenziamento predisposto nei confronti di un lavoratore, assentatosi dal lavora chiedendo di usufruire di un congedo, quando alla base della motivazione vi sia il mancato rispetto della predetta circolare INPS.

Autorità: Tribunale Torino sez. lav.

Data: 09/05/2014

n. 1090

Parti: -

Fonti: Redazione Giuffrè 2014

Classificazioni: LAVORO SUBORDINATO (Rapporto di) - Diritti e doveri delle parti - - in genere

L'esercizio esasperatamente frazionato del congedo parentale si pone in contrasto con le esigenze aziendali tuttavia tali esigenze sono state considerate sub valenti dal legislatore (che non ha ritenuto di indicare intervalli minimi nella successione tra attività lavorativa e congedi) rispetto alla tutela della genitorialità e all'esigenza di appagare bisogni affettivi e relazionali dei bambini.

Autorità: Corte giustizia UE sez. III

Data: 27/02/2014

n. 588

Fonti: Diritto & Giustizia 2014, 28 febbraio (nota di: MILIZIA)
Diritto comunitario e degli scambi internazionali 2014, 1-2, 190 (s.m.)
(osservazione di: ADOBATI)

Classificazioni: UNIONE EUROPEA - Ce - - politica industriale e commerciale

La clausola 2, punto 4, dell'accordo quadro sul congedo parentale, concluso il 14 dicembre 1995, contenuto nell'allegato della direttiva 96/34/CE del Consiglio, del 3 giugno 1996, concernente l'accordo quadro sul congedo parentale concluso dall'UNICE, dal CEEP e dalla CES, come modificata dalla direttiva 97/75/CE del Consiglio, del 15 dicembre 1997, esaminata alla luce tanto degli obiettivi perseguiti da tale accordo quadro quanto del punto 6 della medesima clausola, deve essere interpretata nel senso che essa osta a che l'indennità forfettaria di tutela dovuta ad un lavoratore che fruisce di un congedo parentale a tempo parziale, in caso di risoluzione unilaterale da parte del datore di lavoro, senza motivo grave o adeguato, del contratto di tale lavoratore assunto a tempo indeterminato e a tempo pieno, sia determinata sulla base della retribuzione diminuita percepita da quest'ultimo alla data del suo licenziamento (la Corte si è così pronunciata nella controversia tra una società belga ed una lavoratrice per il calcolo dell'indennità forfettaria di tutela dovuta alla donna a seguito del suo licenziamento illegittimo, che aveva avuto luogo durante un congedo parentale a tempo parziale).

Autorità: Corte Costituzionale

Data: 22/11/2013

n. 280

Parti: M.F. **C.** Min. univ.

Fonti: Giurisprudenza Costituzionale 2013, 6, 4555

Classificazioni: MUTILATI E INVALIDI CIVILI - In genere

Mutilati e invalidi civili - In genere - Congedo parentale - Soggetti legittimati a fruirne - Mancata previsione del discendente di secondo grado convivente con persona affetta da disabilità grave, in assenza di altri soggetti idonei a prendersi cura della stessa - Sopravvenuta dichiarazione di illegittimità costituzionale della norma censurata - Questione divenuta priva di oggetto - Manifesta inammissibilità.

È manifestamente inammissibile la q.l.c. dell'art. 42, comma 5, d.lg. 26 marzo 2001, n. 151, censurato, in riferimento agli art. 2, 3 e 32, comma 1, cost., nella parte in cui non include nel novero dei soggetti legittimati a fruire del congedo ivi previsto il discendente di secondo grado convivente con persona affetta da handicap grave, in assenza di altri soggetti idonei a prendersi cura della stessa. Successivamente all'ordinanza di rimessione è stata dichiarata l'illegittimità costituzionale del citato art. 42, comma 5, nella parte in cui non include nel novero dei soggetti legittimati a fruire del congedo ivi previsto, e alle condizioni ivi stabilite, il parente o l'affine entro il terzo grado convivente con persona affetta da handicap grave, in caso di mancanza, decesso o in presenza di patologie invalidanti degli altri soggetti individuati dalla disposizione impugnata, idonei a prendersi cura della persona disabile, sicché la proposta questione è divenuta priva di oggetto (ordd. n. 111, 148, 156 del 2013).

Autorità: Corte giustizia UE sez. V

Data: 19/09/2013

n. 216

Parti: - C. -

Fonti: Guida al diritto 2013, 48, 94

Classificazioni: UNIONE EUROPEA - Circolazione delle persone - - in genere

Gli art. 1, lett. u), e i), e 4, par. 1, lett. h), del regolamento Cee n. 1408/71, relativo all'applicazione dei regimi di sicurezza sociale ai lavoratori subordinati, ai lavoratori autonomi e ai loro familiari che si spostano all'interno della Comunità, nella versione modificata e aggiornata dal regolamento Ce n. 118/97 devono essere interpretati nel senso che un'indennità di congedo parentale come quella istituita dalla legislazione lussemburghese costituisce una prestazione familiare ai sensi di detto regolamento.

Autorità: Corte giustizia UE sez. IV

Data: 20/06/2013

n. 7

Parti: Nadežda Riežniece **C.** Zemkopĭbas ministrija, Lauku atbalsta dienests.

Fonti: Rivista Italiana di Diritto del Lavoro 2014, 3, II, 693 (s.m.) (nota di: DE FELICE)

Classificazioni: UNIONE EUROPEA - Ce - - politica sociale

Parità di trattamento - Soppressione di posti di dipendenti pubblici - Lavoratrice in congedo parentale - Criteri di valutazione determinanti uno svantaggio rispetto ai lavoratori non in congedo - Licenziamento al termine del congedo parentale - Discriminazione indiretta - Sussiste.

La direttiva 76/207/Cee del Consiglio, del 9 febbraio 1976, relativa all'attuazione del principio della parità di trattamento fra gli uomini e le donne per quanto riguarda l'accesso al lavoro, alla formazione e alla promozione professionale e le condizioni di lavoro, come modificata dalla direttiva 2002/73/Ce, e l'accordo quadro sul congedo parentale, concluso il 14 dicembre 1995, contenuto nell'allegato alla direttiva 96/34/Ce, come modificata dalla direttiva 97/75/Ce devono essere interpretati nel senso di ostare a che, ai fini della valutazione dei lavoratori nel contesto della soppressione di posti di dipendenti pubblici per difficoltà economiche a livello nazionale, una lavoratrice che ha fruito di un congedo parentale sia valutata in sua assenza sulla base di principi e criteri di valutazione che la pongano in una situazione di svantaggio rispetto ai lavoratori che non ne hanno usufruito. Per verificare che ciò non sia avvenuto, il giudice nazionale deve accertare, in particolare, che la valutazione abbia riguardato l'insieme dei lavoratori potenzialmente coinvolti dalla misura della soppressione del posto di lavoro, che sia stata effettuata con criteri rigorosamente identici a quelli applicati ai lavoratori in servizio attivo e che i criteri di valutazione applicati non richiedessero la necessaria presenza fisica della lavoratrice in congedo parentale. Spetta al giudice nazionale appurare se il datore di lavoro conoscesse in anticipo che il posto da sopprimere per una manovra economica nazionale avrebbe coinciso con quello coperto dalla lavoratrice ivi trasferita in seguito a una valutazione comparativa negativa al rientro dal congedo parentale.

Autorità: T.A.R. Bologna sez. I

Data: 26/04/2013

n. 317

Parti: G.G. **C.** Min. difesa e altro

Fonti: Foro amm. TAR 2013, 4, 1153 (s.m)

Classificazioni: IMPIEGATI DELLO STATO - Congedo ordinario e straordinario - - in genere

Impiegati dello Stato - Congedo ordinario e straordinario - In genere - Congedo parentale - Nell'Arma dei Carabinieri - Spettanza - Condizioni - Limiti - Conseguenze - Fattispecie.

Quanto all'ambito di applicazione dell'art. 58 comma 1, d.P.R. n. 164 del 2002, spetta il beneficio della licenza straordinaria — senza decurtazione del trattamento retributivo — anche nelle ipotesi di congedi parentali fruiti prima dell'anno 2002, in ragione della natura ricognitiva di detta previsione normativa, sicché il regime transitorio ivi considerato è da intendersi riferito ai rapporti pendenti, ovvero non ancora esauriti, all'epoca di subentro della disciplina di cui al d.P.R. 18 giugno 2002 n. 164, quali i casi di congedi parentali con recuperi stipendiali ancora in corso o neppure ancora deliberati, seppur relativi a periodi anteriori all'anno 2002: nella specie, l'interessato aveva goduto di astensioni dal servizio nel periodo novembre 2000/febbraio 2001 ma, alla data di entrata in vigore del d.P.R. n. 164 del 2002, non aveva ancora visto integralmente operate le relative decurtazioni stipendiali, così vantando egli titolo al beneficio del trattamento retributivo intero per i primi quarantacinque giorni di astensione per l'assistenza a figli minori di tre anni; trattandosi di due figlie entrambe nate il 21 settembre 1999 e, quindi, minori di tre anni al momento della fruizione del congedo, la pretesa risulta fondata, donde l'accoglimento del ricorso, con conseguente annullamento dei corrispondenti atti di recupero stipendiale e declaratoria del suo diritto alla restituzione delle relative somme incrementate d'interessi legali computati dal dovuto al saldo effettivo, spettandogli la rivalutazione monetaria solo nella misura in cui l'inflazione non risulti già assorbita dagli interessi legali, in applicazione del divieto di cumulo stabilito dall'art. 22 comma 36, l. n. 724 del 1994.

Autorità: Cassazione civile sez. lav.

Data: 21/01/2013

n. 1316

Parti: B.T. **C.** Min. Infrastrutture e trasp.

Fonti: Diritto e Giustizia online 2013, 22 gennaio (nota di: DULIO)

Classificazioni: LAVORO SUBORDINATO (Rapporto di) - Diritti e doveri delle parti - - aspettative e permessi

Il congedo parentale si configura come un diritto potestativo costituito dal comportamento con cui il titolare realizza da solo l'interesse tutelato e a cui fa riscontro, nell'altra parte, una mera soggezione alle conseguenze della dichiarazione di volontà. Pertanto, ai fini della determinazione del periodo di congedo parentale, si tiene conto dei giorni festivi solo nel caso in cui gli stessi rientrino interamente e senza soluzione di continuità nel periodo di fruizione e non anche nel caso in cui l'interessato rientri al lavoro nel giorno precedente a quello festivo e riprenda a godere del periodo di astensione da quello immediatamente successivo (fattispecie relativa all'azione promossa da una dipendente di Ministero e diretta ad accertare l'errata interpretazione da parte del datore della norma di cui all'art. 10, comma 2, lett. c), d), e) del C.C.N.L. 16/5/2001 in merito alla qualificazione come giorni di astensione facoltativa di alcuni giorni festivi).

4. I riposi giornalieri

Normativa:

ARTICOLO N.39

Riposi giornalieri della madre (legge 30 dicembre 1971, n. 1204, art. 10) (1)

1. Il datore di lavoro deve consentire alle lavoratrici madri, durante il primo anno di vita del bambino, due periodi di riposo, anche cumulabili durante la giornata. Il riposo è uno solo quando l'orario giornaliero di lavoro è inferiore a sei ore.
2. I periodi di riposo di cui al comma 1 hanno la durata di un'ora ciascuno e sono considerati ore lavorative agli effetti della durata e della retribuzione del lavoro. Essi comportano il diritto della donna ad uscire dall'azienda.
3. I periodi di riposo sono di mezz'ora ciascuno quando la lavoratrice fruisca dell'asilo nido o di altra struttura idonea, istituiti dal datore di lavoro nell'unità produttiva o nelle immediate vicinanze di essa.
(1) In riferimento al presente articolo vedi: Circolare INPS 6 settembre 2006, n. 95 bis

ARTICOLO N.40

Riposi giornalieri del padre (legge 9 dicembre 1977, n. 903, art. 6-ter) (1)

1. I periodi di riposo di cui all'articolo 39sono riconosciuti al padre lavoratore:
a) nel caso in cui i figli siano affidati al solo padre;
b) in alternativa alla madre lavoratrice dipendente che non se ne avvalga;
c) nel caso in cui la madre non sia lavoratrice dipendente;
d) in caso di morte o di grave infermità della madre.
(1) In riferimento al presente articolo vedi: Circolare INPS 6 settembre 2006, n. 95 bis, e la Circolare INPS 25 novembre 2009, n. 118.

ARTICOLO N.41

Riposi per parti plurimi (legge 30 dicembre 1971, n. 1204, art. 10, comma 6) (1)

1. In caso di parto plurimo, i periodi di riposo sono raddoppiati e le ore aggiuntive rispetto a quelle previste dall'articolo 39, comma 1, possono essere utilizzate anche dal padre.

(1) In riferimento al presente articolo vedi: Circolare INPS 6 settembre 2006, n. 95 bis

Giurisprudenza:
Autorità: T.A.R. Torino sez. I

Data: 09/10/2014

n. 1514

Parti: T e altro **C.** Min. giust. e altro

Fonti: Foro Amministrativo (Il) 2014, 10, 2595 (s.m)

Classificazioni: IMPIEGATI DELLO STATO - Diritti dell'impiegato - - astensione obbligatoria per maternità

Impiego pubblico - Diritti dell'impiegato - Riposi giornalieri retribuiti per paternità - Spettano - Diniego - Illegittimità.

È illegittimo il provvedimento di rigetto della domanda di un pubblico dipendente intesa a fruire dei riposi giornalieri di cui all'art. 40, d.lg. 26 marzo 2001 n. 151 con decorrenza dal giorno successivo al compimento del terzo mese di vita del figlio, motivato con riferimento alla posizione di casalinga della consorte laddove il cit. art. 40 limita la fruizione dei riposi da parte del padre al caso di rinuncia da parte della madre lavoratrice, atteso che questa, anche quando non é lavoratrice dipendente, è comunque impegnata nell'attività di casalinga, che la distoglie dalla cura del neonato.

Autorità: T.A.R. Lecce sez. II

Data: 25/09/2014

n. 2427

Parti: Cons. parità prov. Lecce **C.** Min. int. e altro

Fonti: Foro Amministrativo (Il) 2014, 9, 2425 (s.m)

Classificazioni: IMPIEGATI DELLO STATO - Diritti dell'impiegato - - astensione obbligatoria per maternità

Impiego pubblico - Diritti dell'impiegato - Riposi giornalieri

retribuiti per paternità - Spettano - Diniego - Illegittimità.

È illegittimo il provvedimento di rigetto della domanda di pubblico dipendente intesa a fruire dei riposi giornalieri di cui all'art. 40, d.lg. 26 marzo 2001 n. 151 con decorrenza dal giorno successivo al compimento del terzo mese di vita del figlio, motivato con riferimento alla posizione di casalinga della consorte laddove il cit. art. 40 limita la fruizione dei riposi da parte del padre al caso di rinuncia da parte della madre lavoratrice, atteso che questa, anche quando non é lavoratrice dipendente, è comunque impegnata nell'attività di casalinga, che la distoglie dalla cura del neonato.

Autorità: Consiglio di Stato sez. III

Data: 10/09/2014

n. 4618

Parti: S. C. Min. int. e altro

Fonti: Foro Amministrativo (Il) 2014, 9, 2262 (s.m)

Classificazioni: IMPIEGATI DELLO STATO - Diritti dell'impiegato - - astensione obbligatoria per maternità

Impiego pubblico - Diritti dell'impiegato - Riposi giornalieri retribuiti per paternità - Spettano - Diniego - Illegittimità.

È illegittimo il provvedimento di rigetto della domanda di pubblico dipendente intesa a fruire dei riposi giornalieri di cui all'art. 40, d.lg. 26 marzo 2001 n. 151 con decorrenza dal giorno successivo al compimento del terzo mese di vita del figlio, motivato con riferimento alla posizione di casalinga della consorte laddove il cit. art. 40 limita la fruizione dei riposi da parte del padre al caso di rinuncia da parte della madre lavoratrice, atteso che questa, anche quando non è lavoratrice dipendente, è comunque impegnata nell'attività di casalinga, che la distoglie dalla cura del neonato.

Autorità: T.A.R. Genova sez. II

Data: 06/02/2014

n. 222

Parti: S.D. **C.** Min. int.

Fonti: Foro Amministrativo (Il) 2014, 2, 600

Classificazioni: IMPIEGATI DELLO STATO - Obblighi dell'impiegato - - orario di ufficio

Impiegati dello Stato - Obblighi dell'impiegato - Orario di ufficio - Riposi giornalieri - Spettanza - Coniuge casalinga - Esclusione - Eccezione - Individuazione.

Essendo i riposi giornalieri concessi al fine essenziale di garantire al figlio, entro l'anno di vita, la presenza alternativa di uno dei genitori, in linea di massima non è giustificata, nel caso di madre casalinga, la concessione del beneficio al padre lavoratore dipendente. Tuttavia non può escludersi che,, in casi particolari, il padre lavoratore dipendente pubblico possa essere ammesso a fruire dei riposi giornalieri anche se coniugato con una lavoratrice casalinga; ciò si verifica in presenza di situazioni, debitamente documentate, che rendano temporaneamente impossibile per la madre prendersi cura del neonato (come, ad esempio, nel caso in cui essa debba sottoporsi a particolari cure mediche o accertamenti sanitari). Deve trattarsi, peraltro, di circostanze atte a far venire oggettivamente meno la possibilità per i genitori di alternarsi nella cura del neonato

---

Autorità: T.A.R. L'Aquila sez. I

Data: 10/05/2012

n. 332

Parti: A.S. **C.** Min. difesa

Fonti: Foro amm. TAR 2012, 5, 1661 (s.m)

Classificazioni: IMPIEGATI DELLO STATO - Diritti dell'impiegato - - in genere

Impiegati dello Stato - Diritti dell'impiegato - In genere - Riposi giornalieri - Fruizione da parte del padre - Art. 40, d.lg. n. 151 del 2001

-Ratio - Va valorizzata.

In ragione del fatto che numerosi settori dell'ordinamento considerano la figura della casalinga come lavoratrice, va valorizzata la ratio dell'art. 40, d.lg. 26 marzo 2001 n. 151, volto a beneficiare il padre di permessi per la cura del figlio allorquando la madre non ne abbia diritto in quanto lavoratrice non dipendente e pur tuttavia impegnata in attività che la distolgano dalla cura del neonato.

Autorità: T.A.R. L'Aquila sez. I

Data: 10/05/2012

n. 332

Parti: A.S. **C.** Min. difesa

Fonti: Foro amm. TAR 2012, 5, 1661 (s.m)

Classificazioni: IMPIEGATI DELLO STATO - Diritti dell'impiegato - - in genere

Impiegati dello Stato - Diritti dell'impiegato - In genere - Riposi giornalieri - Madre e padre - Artt. 39 e 40, d.lg. n. 151 del 2001 - Combinato disposto -Ratio..

In tema di riposi giornalieri della madre e del padre, la ratiodel combinato disposto degli artt. 39 e 40, d.lg. 26 marzo 2001 n. 151, deve essere individuata nell'esigenza di garantire la presenza, alternativamente, di uno dei due genitori (con la eccezione del parto plurimo disciplinata dall'art 41, in cui le ore aggiunte a quelle ordinarie possono essere utilizzate da entrambi).

Autorità: Tribunale Venezia sez. lav.

Data: 09/02/2012

n. 192

Parti: -

Fonti: Diritto delle Relazioni Industriali 2012, 2, 852 (s.m.) (osservazione di: VETTOR)

Classificazioni: LAVORO SUBORDINATO (Rapporto di) - Donne e fanciulli - - parità tra uomini e donne

Il diritto ai riposi giornalieri e al congedo di malattia del figlio ex art. 40 e 47 del d.lg. n. 151/2001 spetta al padre lavoratore dipendente anche quando la madre svolga attività casalinga, essendo questa attività equiparabile a quella di lavoro non dipendente. Il diniego apposto dal datore di lavoro (nella specie dal Ministero dell'interno) alla fruizione dei suddetti benefici richiesti dal lavoratore padre dipendente, motivato con il fatto che la madre è casalinga e non lavoratrice autonoma, configura una evidente discriminazione nei confronti del medesimo lavoratore rispetto alla generalità dei lavoratori padri. Ne consegue che, ai fini della rimozione di tale effetto discriminatorio, l'amministrazione pubblica va condannata al pagamento a favore del lavoratore del danno non patrimoniale commisurato ai permessi e alle giornate di congedo negati.

Autorità: Tribunale Venezia sez. lav.

Data: 09/02/2012

n. 192

Parti: -

Fonti: Redazione Giuffrè 2012

Classificazioni: LAVORO SUBORDINATO (Rapporto di) - Donne e fanciulli - - parità tra uomini e donne

Il padre lavoratore dipendente ha diritto di fruire dei riposi giornalieri e del congedo per malattia del figlio in sostituzione della madre qualora la stessa non ne abbia diritto in quanto lavoratrice non dipendente (nel caso di specie, casalinga) e pur tuttavia impegnata in attività che la distolgano dalla cura del neonato.

Autorità: Consiglio di Stato sez. I

Data: 22/10/2009

n. 2732

Parti: Min. int.

Fonti: Foro amm. CDS 2009, 10, 2406 (s.m)

Classificazioni: LAVORO SUBORDINATO (Rapporto di) - Donne e fanciulli - - lavoratrici madri

Permessi parentali - Ipotesi di usufruibilità da parte del padre del congedo ordinario, ex art. 40, d.lg. n. 151 del 2001 - Presupposti.

In tema di permessi parentali, le quattro ipotesi contemplate dall'art. 40, d.lg. n. 151 del 2001, per il riconoscimento del diritto del padre al riposo ordinario, presuppongono che la madre non possa o non voglia, per ragioni giuridiche, fisiche o per scelta, provvedere, usufruendo dei riposi giornalieri nel primo anno di vita, alla cura del minore, dal momento che la ratio del combinato disposto degli artt. 39 e 40, d.lg. n. 151 del 2001, è quella di garantire la presenza, alternativamente, di uno dei due genitori (con la sola comprensibile eccezione del parto plurimo, disciplinata dall'art. 41, in cui le ore aggiuntive a quelle ordinarie possono essere utilizzate da entrambi).

Autorità: Tribunale Genova

Data: 13/10/2005

n.

Parti: Causa **C.** Inps e altro

Fonti: DL Riv. critica dir. lav. 2006, 1, 149 (s.m.) (nota di: PERRONE)

Classificazioni: LAVORO SUBORDINATO (Rapporto di) - Donne e fanciulli - - orario di lavoro

In caso di parto plurimo, il diritto a usufruire dei riposi giornalieri nella misura doppia prevista all'art. 41 d.lg. 26 marzo 2001 n. 151 deve essere riconosciuto al padre lavoratore subordinato indipendentemente dalla titolarità del relativo diritto in capo alla madre che non se ne avvale, con la conseguenza che tale diritto spetta al padre lavoratore subordinato anche quando la madre sia una lavoratrice autonoma.

Autorità: T.A.R. Torino sez. I

Data: 09/10/2014

n. 1514

Parti: T e altro **C.** Min. giust. e altro

Fonti: Foro Amministrativo (Il) 2014, 10, 2595 (s.m)

Classificazioni: IMPIEGATI DELLO STATO - Diritti dell'impiegato - - astensione obbligatoria per maternità

Impiego pubblico - Diritti dell'impiegato - Riposi giornalieri retribuiti per paternità - Spettano - Diniego - Illegittimità.

È illegittimo il provvedimento di rigetto della domanda di un pubblico dipendente intesa a fruire dei riposi giornalieri di cui all'art. 40, d.lg. 26 marzo 2001 n. 151 con decorrenza dal giorno successivo al compimento del terzo mese di vita del figlio, motivato con riferimento alla posizione di casalinga della consorte laddove il cit. art. 40 limita la fruizione dei riposi da parte del padre al caso di rinuncia da parte della madre lavoratrice, atteso che questa, anche quando non é lavoratrice dipendente, è comunque impegnata nell'attività di casalinga, che la distoglie dalla cura del neonato.

Autorità: T.A.R. Lecce sez. II

Data: 25/09/2014

n. 2427

Parti: Cons. parità prov. Lecce **C.** Min. int. e altro

Fonti: Foro Amministrativo (Il) 2014, 9, 2425 (s.m)

Classificazioni: IMPIEGATI DELLO STATO - Diritti dell'impiegato - - astensione obbligatoria per maternità

Impiego pubblico - Diritti dell'impiegato - Riposi giornalieri retribuiti per paternità - Spettano - Diniego - Illegittimità.

È illegittimo il provvedimento di rigetto della domanda di pubblico dipendente intesa a fruire dei riposi giornalieri di cui all'art. 40, d.lg. 26 marzo 2001 n. 151 con decorrenza dal giorno successivo al compimento del terzo mese di vita del figlio, motivato con riferimento alla posizione di casalinga della consorte laddove il cit. art. 40 limita la fruizione dei riposi da parte del padre al caso di rinuncia da parte della madre lavoratrice, atteso che questa, anche quando non é lavoratrice dipendente, è comunque impegnata nell'attività di casalinga, che la distoglie dalla cura del neonato.

Autorità: Consiglio di Stato sez. III

Data: 10/09/2014

n. 4618

Parti: S. C. Min. int. e altro

Fonti: Foro Amministrativo (Il) 2014, 9, 2262 (s.m)

Classificazioni: IMPIEGATI DELLO STATO - Diritti dell'impiegato - - astensione obbligatoria per maternità

Impiego pubblico - Diritti dell'impiegato - Riposi giornalieri retribuiti per paternità - Spettano - Diniego - Illegittimità.

È illegittimo il provvedimento di rigetto della domanda di pubblico dipendente intesa a fruire dei riposi giornalieri di cui all'art. 40, d.lg. 26 marzo 2001 n. 151 con decorrenza dal giorno successivo al compimento del terzo mese di vita del figlio, motivato con riferimento alla posizione di casalinga della consorte laddove il cit. art. 40 limita la fruizione dei riposi da parte del padre al caso di rinuncia da parte della madre lavoratrice, atteso che questa, anche quando non è lavoratrice dipendente, è comunque impegnata nell'attività di casalinga, che la distoglie dalla cura del neonato.

Autorità: T.A.R. Genova sez. II

Data: 06/02/2014

n. 222

Parti: S.D. **C.** Min. int.

Fonti: Foro Amministrativo (Il) 2014, 2, 600

Classificazioni: IMPIEGATI DELLO STATO - Obblighi dell'impiegato -
- orario di ufficio

**Impiegati dello Stato - Obblighi dell'impiegato - Orario di ufficio -
Riposi giornalieri - Spettanza - Coniuge casalinga - Esclusione -
Eccezione - Individuazione.**

Essendo i riposi giornalieri concessi al fine essenziale di garantire al figlio,
entro l'anno di vita, la presenza alternativa di uno dei genitori, in linea di
massima non è giustificata, nel caso di madre casalinga, la concessione del
beneficio al padre lavoratore dipendente. Tuttavia non può escludersi che,,
in casi particolari, il padre lavoratore dipendente pubblico possa essere
ammesso a fruire dei riposi giornalieri anche se coniugato con una
lavoratrice casalinga; ciò si verifica in presenza di situazioni, debitamente
documentate, che rendano temporaneamente impossibile per la madre
prendersi cura del neonato (come, ad esempio, nel caso in cui essa debba
sottoporsi a particolari cure mediche o accertamenti sanitari). Deve trattarsi,
peraltro, di circostanze atte a far venire oggettivamente meno la possibilità
per i genitori di alternarsi nella cura del neonato

Autorità: T.A.R. L'Aquila sez. I

Data: 10/05/2012

n. 332

Parti: A.S. **C.** Min. difesa

Fonti: Foro amm. TAR 2012, 5, 1661 (s.m)

Classificazioni: IMPIEGATI DELLO STATO - Diritti dell'impiegato - -

in genere

Impiegati dello Stato - Diritti dell'impiegato - In genere - Riposi giornalieri - Fruizione da parte del padre - Art. 40, d.lg. n. 151 del 2001 -Ratio - Va valorizzata.

In ragione del fatto che numerosi settori dell'ordinamento considerano la figura della casalinga come lavoratrice, va valorizzata la ratio dell'art. 40, d.lg. 26 marzo 2001 n. 151, volto a beneficiare il padre di permessi per la cura del figlio allorquando la madre non ne abbia diritto in quanto lavoratrice non dipendente e pur tuttavia impegnata in attività che la distolgano dalla cura del neonato.

Autorità: T.A.R. L'Aquila sez. I

Data: 10/05/2012

n. 332

Parti: A.S. **C.** Min. difesa

Fonti: Foro amm. TAR 2012, 5, 1661 (s.m)

Classificazioni: IMPIEGATI DELLO STATO - Diritti dell'impiegato - - in genere

Impiegati dello Stato - Diritti dell'impiegato - In genere - Riposi giornalieri - Madre e padre - Artt. 39 e 40, d.lg. n. 151 del 2001 - Combinato disposto -Ratio..

In tema di riposi giornalieri della madre e del padre, la ratio del combinato disposto degli artt. 39 e 40, d.lg. 26 marzo 2001 n. 151, deve essere individuata nell'esigenza di garantire la presenza, alternativamente, di uno dei due genitori (con la eccezione del parto plurimo disciplinata dall'art 41, in cui le ore aggiunte a quelle ordinarie possono essere utilizzate da entrambi).

Autorità: Tribunale Venezia sez. lav.

Data: 09/02/2012

n. 192

Parti: -

Fonti: Diritto delle Relazioni Industriali 2012, 2, 852 (s.m.) (osservazione di: VETTOR)

Classificazioni: LAVORO SUBORDINATO (Rapporto di) - Donne e fanciulli - - parità tra uomini e donne

Il diritto ai riposi giornalieri e al congedo di malattia del figlio ex art. 40 e 47 del d.lg. n. 151/2001 spetta al padre lavoratore dipendente anche quando la madre svolga attività casalinga, essendo questa attività equiparabile a quella di lavoro non dipendente. Il diniego apposto dal datore di lavoro (nella specie dal Ministero dell'interno) alla fruizione dei suddetti benefici richiesti dal lavoratore padre dipendente, motivato con il fatto che la madre è casalinga e non lavoratrice autonoma, configura una evidente discriminazione nei confronti del medesimo lavoratore rispetto alla generalità dei lavoratori padri. Ne consegue che, ai fini della rimozione di tale effetto discriminatorio, l'amministrazione pubblica va condannata al pagamento a favore del lavoratore del danno non patrimoniale commisurato ai permessi e alle giornate di congedo negati.

Autorità: Tribunale Venezia sez. lav.

Data: 09/02/2012

n. 192

Parti: -

Fonti: Redazione Giuffrè 2012

Classificazioni: LAVORO SUBORDINATO (Rapporto di) - Donne e fanciulli - - parità tra uomini e donne

Il padre lavoratore dipendente ha diritto di fruire dei riposi giornalieri e del congedo per malattia del figlio in sostituzione della madre qualora la stessa non ne abbia diritto in quanto lavoratrice non dipendente (nel caso di specie, casalinga) e pur tuttavia impegnata in attività che la distolgano dalla cura del neonato.

Autorità: Consiglio di Stato sez. I

Data: 22/10/2009

n. 2732

Parti: Min. int.

Fonti: Foro amm. CDS 2009, 10, 2406 (s.m)

Classificazioni: LAVORO SUBORDINATO (Rapporto di) - Donne e fanciulli - - lavoratrici madri

Permessi parentali - Ipotesi di usufruibilità da parte del padre del congedo ordinario, ex art. 40, d.lg. n. 151 del 2001 - Presupposti.

In tema di permessi parentali, le quattro ipotesi contemplate dall'art. 40, d.lg. n. 151 del 2001, per il riconoscimento del diritto del padre al riposo ordinario, presuppongono che la madre non possa o non voglia, per ragioni giuridiche, fisiche o per scelta, provvedere, usufruendo dei riposi giornalieri nel primo anno di vita, alla cura del minore, dal momento che la ratio del combinato disposto degli artt. 39 e 40, d.lg. n. 151 del 2001, è quella di garantire la presenza, alternativamente, di uno dei due genitori (con la sola comprensibile eccezione del parto plurimo, disciplinata dall'art. 41, in cui le ore aggiuntive a quelle ordinarie possono essere utilizzate da entrambi).

Autorità: Tribunale Genova

Data: 13/10/2005

n.

Parti: Causa **C.** Inps e altro

Fonti: DL Riv. critica dir. lav. 2006, 1, 149 (s.m.) (nota di: PERRONE)

Classificazioni: LAVORO SUBORDINATO (Rapporto di) - Donne e fanciulli - - orario di lavoro

In caso di parto plurimo, il diritto a usufruire dei riposi giornalieri nella misura doppia prevista all'art. 41 d.lg. 26 marzo 2001 n. 151 deve essere riconosciuto al padre lavoratore subordinato indipendentemente dalla titolarità del relativo diritto in capo alla madre che non se ne avvale, con la conseguenza che tale diritto spetta al padre lavoratore subordinato anche quando la madre sia una lavoratrice autonoma.

5. Riposi e permessi per i figli con handicap grave

Normativa:

ARTICOLO N.42

Riposi e permessi per i figli con handicap grave (legge 8 marzo 2000, n. 53, articoli 4, comma 4-bis, e 20) (A)

1. Fino al compimento del terzo anno di vita del bambino con handicap in situazione di gravità e in alternativa al prolungamento del periodo di congedo parentale, si applica l'articolo 33, comma 2, della legge 5 febbraio 1992, n. 104, relativo alle due ore di riposo giornaliero retribuito.

2. Il diritto a fruire dei permessi di cui all'articolo 33, comma 3, della legge 5 febbraio 1992 , n. 104, e successive modificazioni, e' riconosciuto, in alternativa alle misure di cui al comma 1, ad entrambi i genitori, anche adottivi, del bambino con handicap in situazione di gravità, che possono fruirne alternativamente, anche in maniera continuativa nell'ambito del mese. (1).

[3. Successivamente al raggiungimento della maggiore età del figlio con handicap in situazione di gravità, la lavoratrice madre o, in alternativa, il lavoratore padre hanno diritto ai permessi di cui all'articolo 33, comma 3, della legge 5 febbraio 1992, n. 104. Ai sensi dell'articolo 20 della legge 8 marzo 2000, n. 53, detti permessi, fruibili anche in maniera continuativa nell'ambito del mese, spettano a condizione che sussista convivenza con il figlio o, in assenza di convivenza, che l'assistenza al figlio sia continuativa ed esclusiva.] (2)

4. I riposi e i permessi, ai sensi dell'articolo 33, comma 4 della legge 5 febbraio 1992, n. 104, possono essere cumulati con il congedo parentale ordinario e con il congedo per la malattia del figlio.

5. Il coniuge convivente di soggetto con handicap in situazione di gravità accertata ai sensi dell'articolo 4, comma 1, della legge 5 febbraio 1992, n. 104, ha diritto a fruire del congedo di cui al comma 2 dell'articolo 4 della legge 8 marzo 2000, n. 53, entro sessanta giorni dalla richiesta. In caso di mancanza, decesso o in presenza di patologie invalidanti del coniuge convivente, ha diritto a fruire del congedo il padre o la madre anche adottivi; in caso di decesso, mancanza o in presenza di patologie invalidanti del padre e della madre, anche adottivi, ha diritto a fruire del congedo uno dei figli conviventi; in caso di mancanza, decesso o in presenza di patologie invalidanti dei figli conviventi, ha diritto a fruire del congedo uno dei fratelli o sorelle conviventi. (3) (4) (5) (6).

5-bis. Il congedo fruito ai sensi del comma 5 non può superare la durata complessiva di due anni per ciascuna persona portatrice di handicap e nell'arco della vita lavorativa. Il congedo e' accordato a condizione che la persona da assistere non sia ricoverata a tempo pieno, salvo che, in tal caso, sia richiesta dai sanitari la presenza del soggetto che presta assistenza. Il congedo ed i permessi di cui articolo 33, comma 3, della legge n. 104 del 1992 non possono essere riconosciuti a più di un lavoratore per l'assistenza alla stessa persona. Per l'assistenza allo stesso figlio con handicap in situazione di gravità, i diritti sono riconosciuti ad entrambi i genitori, anche adottivi, che possono fruirne alternativamente, ma negli stessi giorni l'altro genitore non può fruire dei benefici di cui all'articolo 33, commi 2 e 3 della legge 5 febbraio 1992, n. 104, e 33, comma 1, del presente decreto (7).

5-ter. Durante il periodo di congedo, il richiedente ha diritto a percepire un'indennità corrispondente all'ultima retribuzione, con riferimento alle voci fisse e continuative del trattamento, e il periodo medesimo e' coperto da contribuzione figurativa; l'indennità e la contribuzione figurativa spettano fino a un importo complessivo massimo di euro 43.579,06 annui per il congedo di durata annuale. Detto importo e' rivalutato annualmente, a decorrere dall'anno 2011, sulla base della variazione dell'indice Istat dei prezzi al consumo per le famiglie di operai e impiegati. L'indennità e' corrisposta dal datore di lavoro secondo le modalità previste per la corresponsione dei trattamenti economici di maternità. I datori di lavoro privati, nella denuncia contributiva, detraggono l'importo dell'indennità dall'ammontare dei contributi previdenziali dovuti all'ente previdenziale competente. Per i dipendenti dei predetti datori di lavoro privati, compresi quelli per i quali non e' prevista l'assicurazione per le prestazioni di maternità, l'indennità di cui al presente comma e' corrisposta con le modalità di cui all'articolo 1 del decreto-legge 30 dicembre 1979, n. 663, convertito, con modificazioni, dalla legge 29 febbraio 1980, n. 33 (8).

5-quater. I soggetti che usufruiscono dei congedi di cui al comma 5 per un periodo continuativo non superiore a sei mesi hanno diritto ad usufruire di permessi non retribuiti in misura pari al numero dei giorni di congedo ordinario che avrebbero maturato nello stesso arco di tempo lavorativo, senza riconoscimento del diritto a contribuzione figurativa (9).

5-quinquies. Il periodo di cui al comma 5 non rileva ai fini della maturazione delle ferie, della tredicesima mensilità e del trattamento di fine rapporto. Per quanto non espressamente previsto dai commi 5, 5-bis, 5-ter e 5-quater si applicano le disposizioni dell'articolo 4, comma 2, della legge 8 marzo 2000, n. 53 (10).

6. I riposi, i permessi e i congedi di cui al presente articolo spettano anche qualora l'altro genitore non ne abbia diritto.

(1) Comma sostituito dall'articolo 24, comma 2, lettera a) della Legge 4 novembre 2010, n. 183 e successivamente dall'articolo 4, comma 1, lettera a), del D.L.g.s. 18 luglio 2011, n. 119.

(2) Comma abrogato dall'articolo 24, comma 2, lettera b) della Legge 4 novembre 2010, n. 183.

(3) Comma modificato dall'articolo 3, comma 1, del D.Lgs. 23 aprile 2003, n. 115, dall'articolo 3, comma 106, della legge 24 dicembre 2003, n. 350, e dall'articolo 1, comma 1266, della legge 27 dicembre 2006, n. 296 e da ultimo sostituito dall'articolo 4, comma 1, lettera b), del D.L.g.s. 18 luglio 2011, n. 119. Vedi, anche, l'articolo 1, commi 143 e 145 della legge 30 dicembre 2004, n. 311.

(4) La Corte Costituzionale, con sentenza 16 giugno 2005, n. 233 , ha dichiarato l'illegittimità costituzionale del presente comma, nella parte in cui non prevede il diritto di uno dei fratelli o delle sorelle conviventi con soggetto con handicap in situazione di gravità a fruire del congedo ivi indicato, nell'ipotesi in cui i genitori siano impossibilitati a provvedere all'assistenza del figlio handicappato perché totalmente inabili. Successivamente la Corte costituzionale, con sentenza 8 maggio 2007, n. 158 ha nuovamente dichiarato l'illegittimità costituzionale del presente comma nella parte in cui non prevede, in via prioritaria rispetto agli altri congiunti indicati dalla norma, anche per il coniuge convivente con "soggetto con handicap in situazione di gravità", il diritto a fruire del congedo ivi indicato. Da ultimo la Corte costituzionale, con sentenza 30 gennaio 2009, n. 19 (in Gazz. Uff., 4 febbraio 2009, n. 5) ha dichiarato l'illegittimità costituzionale del presente comma nella parte in cui non include nel novero dei soggetti legittimati a fruire del congedo ivi previsto il figlio convivente, in assenza di altri soggetti idonei a prendersi cura della persona in situazione di disabilità grave.

(5) In riferimento al presente articolo vedi: Circolare INPS 3 agosto 2007, n. 112; Circolare INPS 16 marzo 2009, n. 41.; Circolare INPS 5 marzo 2009, n.38.; Messaggio INPS 8 giugno 2001, n. 12440.

(6) La Corte Costituzionale, con sentenza 18 luglio 2013, n. 203 (in Gazz. Uff., 24 luglio, n. 30), ha dichiarato l'illegittimità costituzionale del presente comma, nella parte in cui non include nel novero dei soggetti legittimati a fruire del congedo ivi previsto, e alle condizioni ivi stabilite, il parente o l'affine entro il terzo grado convivente, in caso di mancanza, decesso o in presenza di patologie invalidanti degli altri soggetti individuati dalla disposizione impugnata, idonei a prendersi cura della persona in situazione di disabilità grave.

(7) Comma inserito dall'articolo 4, comma 1, lettera b), del D.L.g.s. 18 luglio 2011, n. 119.

(8) Comma inserito dall'articolo 4, comma 1, lettera b), del D.L.g.s. 18 luglio 2011, n. 119.

(9) Comma inserito dall'articolo 4, comma 1, lettera b), del D.L.g.s. 18 luglio 2011, n. 119

(10) Comma inserito dall'articolo 4, comma 1, lettera b), del D.L.g.s. 18 luglio 2011, n. 119.

(A) In riferimento al presente articolo vedi: Circolare INPS 15 gennaio 2007, n. 14 ; Nota del Ministero del Lavoro e delle Politiche Sociali 15 settembre 2014, n. 23/2014.

6. Assegnazione temporanea dei lavoratori dipendenti alle amministrazioni pubbliche

Normativa:

ARTICOLO N.42 bis

Assegnazione temporanea dei lavoratori dipendenti alle amministrazioni pubbliche (1)

1. Il genitore con figli minori fino a tre anni di età dipendente di amministrazioni pubbliche di cui all'articolo 1, comma 2, del decreto legislativo 30 marzo 2001, n. 165, e successive modificazioni, può essere assegnato, a richiesta, anche in modo frazionato e per un periodo complessivamente non superiore a tre anni, ad una sede di servizio ubicata nella stessa provincia o regione nella quale l'altro genitore esercita la propria attività lavorativa, subordinatamente alla sussistenza di un posto vacante e disponibile di corrispondente posizione retributiva e previo assenso delle amministrazioni di provenienza e destinazione. L'eventuale dissenso deve essere motivato. L'assenso o il dissenso devono essere comunicati all'interessato entro trenta giorni dalla domanda.
2. Il posto temporaneamente lasciato libero non si renderà disponibile ai fini di una nuova assunzione.
(1) Articolo inserito dall'articolo 3, comma 105, della legge 24 dicembre 2003, n. 350.

7. norme finali sui riposi e permessi: trattamento economico e normativo e trattamento previdenziale

Normativa:

ARTICOLO N.43

Trattamento economico e normativo (legge 9 dicembre 1977, n. 903, art. 8; legge 5 febbraio 1992, n. 104, art. 33, comma 4; decreto-legge 27 agosto 1993, n. 324, convertito dalla legge 27 ottobre 1993, n. 423, art. 2, comma 3-ter)

1. Per i riposi e i permessi di cui al presente Capo è dovuta un'indennità, a carico dell'ente assicuratore, pari all'intero ammontare della retribuzione relativa ai riposi e ai permessi medesimi. L'indennità è anticipata dal datore di lavoro ed è portata a conguaglio con gli apporti contributivi dovuti all'ente assicuratore.
2. Si applicano le disposizioni di cui all'articolo 34, comma 5.

ARTICOLO N.44

Trattamento previdenziale (legge 30 dicembre 1971, n. 1204, art. 10, comma 5; legge 5 febbraio 1992, n. 104, art. 33, comma 4)

1. Ai periodi di riposo di cui al presente Capo si applicano le disposizioni di cui all'articolo 35, comma 2.
2. I tre giorni di permesso mensile di cui all'articolo 42, commi 2 e 3, sono coperti da contribuzione figurativa.

ARTICOLO N.45

Adozioni e affidamenti (legge 8 marzo 2000, n. 53, art. 3, comma 5; legge 5 febbraio 1992, n. 104, art. 33, comma 7)

1. Le disposizioni in materia di riposi di cui agli articoli 39, 40 e 41 si applicano anche in caso di adozione e di affidamento entro il primo anno dall'ingresso del minore nella famiglia (1) (2).
2. Le disposizioni di cui all'articolo 42 si applicano anche in caso di adozione e di affidamento di soggetti con handicap in situazione di gravità.
2-bis. Le disposizioni di cui all'articolo 42-bis si applicano, in caso di adozione ed affidamento, entro i primi tre anni dall'ingresso del minore nella famiglia, indipendentemente dall'eta' del minore (3).
(1) La Corte Costituzionale con sentenza 1 aprile 2003, n. 104 ha dichiarato l'illegittimità costituzionale del presente comma nella parte in cui prevede

che i riposi di cui agli articoli 39, 40 e 41, del presente decreto, si applichino, anche in caso di adozione e di affidamento, "entro il primo anno di vita del bambino" anziché "entro il primo anno dall'ingresso del minore nella famiglia".

(2) Comma modificato dall'articolo 8, comma 1, lettera a), del D.L.g.s. 18 luglio 2011, n. 119.

(3) Comma inserito dall'articolo 8, comma 1, lettera b), del D.L.g.s. 18 luglio 2011, n. 119.

ARTICOLO N.46

Sanzioni (legge 30 dicembre 1971, n. 1204, art. 31, comma 3)

1. L'inosservanza delle disposizioni contenute negli articoli 39, 40 e 41 è punita con la sanzione amministrativa da euro 516 a euro 2.582.

8. Congedi per la malattia del figlio

Normativa:

CAPO VII
Congedi per la malattia del figlio

ARTICOLO N.47

Congedo per la malattia del figlio (legge 30 dicembre 1971, n. 1204, articoli 1, comma 4, 7, comma 4, e 30, comma 5)

1. Entrambi i genitori, alternativamente, hanno diritto di astenersi dal lavoro per periodi corrispondenti alle malattie di ciascun figlio di età non superiore a tre anni.

2. Ciascun genitore, alternativamente, ha altresì diritto di astenersi dal lavoro, nel limite di cinque giorni lavorativi all'anno, per le malattie di ogni figlio di età compresa fra i tre e gli otto anni.

3. La certificazione di malattia necessaria al genitore per fruire dei congedi di cui ai commi 1 e 2 e' inviata per via telematica direttamente dal medico curante del Servizio sanitario nazionale , che ha in cura il minore, all'Istituto nazionale della previdenza sociale, utilizzando il sistema di trasmissione delle certificazioni di malattia di cui al decreto del Ministro della salute in data 26 febbraio 2010, pubblicato nella Gazzetta Ufficiale n. 65 del 19 marzo 2010, secondo le modalita' stabilite con decreto di cui al successivo comma 3-bis, e dal predetto Istituto e' immediatamente inoltrata, con le medesime modalita', al datore di lavoro interessato e all'indirizzo di posta elettronica della lavoratrice o del lavoratore che ne facciano richiesta (1) (2).

3-bis. Con decreto del Presidente del Consiglio dei Ministri, da adottare entro il 30 giugno 2013, su proposta del Ministro per la pubblica amministrazione e la semplificazione, del Ministro delegato per l'innovazione tecnologica e del Ministro del lavoro e delle politiche sociali, di concerto con il Ministro dell'economia e delle finanze e con il Ministro della salute, previo parere del Garante per protezione dei dati personali, sono adottate, in conformita' alle regole tecniche previste dal Codice dell'amministrazione digitale, di cui al decreto legislativo 7 marzo 2005, n. 82, le disposizioni necessarie per l'attuazione di quanto disposto al comma 3, comprese la definizione del modello di certificazione e le relative specifiche (3).

4. La malattia del bambino che dia luogo a ricovero ospedaliero interrompe, a richiesta del genitore, il decorso delle ferie in godimento per i periodi di cui ai commi 1 e 2.

5. Ai congedi di cui al presente articolo non si applicano le disposizioni sul controllo della malattia del lavoratore.
6. Il congedo spetta al genitore richiedente anche qualora l'altro genitore non ne abbia diritto.
(1) Comma sostituito dall'articolo 7, comma 3, lettera a) del D.L. 18 ottobre 2012, n. 179.
(2) Vedi inoltre l'articolo 13, comma 2-ter, del D.L. 21 giugno 2013, n. 69 , convertito, con modificazioni dalla Legge 9 agosto 2013, n. 98.
(3) Comma inserito dall'articolo 7, comma 3, lettera a) del D.L. 18 ottobre 2012, n. 179.

ARTICOLO N.48

Trattamento economico e normativo (legge 30 dicembre 1971, n. 1204, art. 7, comma 5)

1. I periodi di congedo per la malattia del figlio sono computati nell'anzianità di servizio, esclusi gli effetti relativi alle ferie e alla tredicesima mensilità o alla gratifica natalizia.
2. Si applica quanto previsto all'articolo 22, commi 4, 6 e 7.

ARTICOLO N.49

Trattamento previdenziale (legge 30 dicembre 1971, n. 1204, art. 15, comma 3)

1. Per i periodi di congedo per la malattia del figlio è dovuta la contribuzione figurativa fino al compimento del terzo anno di vita del bambino. Si applica quanto previsto all'articolo 25.
2. Successivamente al terzo anno di vita del bambino e fino al compimento dell'ottavo anno, è dovuta la copertura contributiva calcolata con le modalità previste dall'articolo 35, comma 2.
3. Si applicano le disposizioni di cui all'articolo 35, commi 3, 4 e 5.

ARTICOLO N.50

Adozioni e affidamenti (legge 8 marzo 2000, n. 53, art. 3, comma 5)

1. Il congedo per la malattia del bambino di cui al presente Capo spetta anche per le adozioni e gli affidamenti.
2. Il limite di età, di cui all'articolo 47, comma 1, è elevato a sei anni. Fino al compimento dell'ottavo anno di età si applica la disposizione di cui al comma 2 del medesimo articolo.

3. Qualora, all'atto dell'adozione o dell'affidamento, il minore abbia un'età compresa fra i sei e i dodici anni, il congedo per la malattia del bambino è fruito nei primi tre anni dall'ingresso del minore nel nucleo familiare alle condizioni previste dall'articolo 47, comma 2.

ARTICOLO N.51
Documentazione (legge 30 dicembre 1971, n. 1204, art. 7, comma 5)

1. Ai fini della fruizione del congedo di cui al presente capo, la lavoratrice e il lavoratore comunicano direttamente al medico, all'atto della compilazione del certificato di cui al comma 3 dell'articolo 47, le proprie generalità allo scopo di usufruire del congedo medesimo (1).
(1) Comma sostituito dall'articolo 7, comma 3, lettera b) del D.L. 18 ottobre 2012, n. 179, con decorrenza di cui al comma 3 bis dello stesso articolo.

ARTICOLO N.52
Sanzioni (legge 30 dicembre 1971, n. 1204, art. 31, comma 3)

1. Il rifiuto, l'opposizione o l'ostacolo all'esercizio dei diritti di assenza dal lavoro di cui al presente Capo sono puniti con la sanzione amministrativa da euro 516 a euro 2.582.

Giurisprudenza:
Autorità: Cassazione civile sez. lav.

Data: 07/07/2014

n. 15435

Parti: Soc. Poste it. **C.** Idone

Fonti: Diritto & Giustizia 2014, 8 luglio
Giustizia Civile Massimario 2014

Classificazioni: LAVORO SUBORDINATO (Rapporto di) - Diritti e doveri delle parti - - aspettative e permessi

LAVORO SUBORDINATO (Rapporto di) - Diritti e doveri delle parti - in genere - Permessi ex art. 33, comma 3, della legge n. 104 del 1992 - Computabilità ai fini della 13^ mensilità o della gratifica

natalizia - Esclusione - Limiti.

La limitazione della computabilità, ai fini della tredicesima mensilità o della gratifica natalizia, dei permessi di cui all'art. 33, comma 3, della legge 5 febbraio 1992, n. 104, in forza del richiamo operato dal successivo comma 4 all'ultimo comma dell'art. 7 della legge 30 dicembre 1971, n. 1204 (abrogato dal d.lgs. 26 marzo 2001, n. 151, che ne ha tuttavia recepito il contenuto negli artt. 34 e 51), opera soltanto nei casi in cui essi debbano cumularsi effettivamente con il congedo parentale ordinario - che può determinare una significativa sospensione della prestazione lavorativa - e con il congedo per malattia del figlio, per i quali compete un'indennità inferiore alla retribuzione normale (diversamente dall'indennità per i permessi ex lege n. 104 del 1992 commisurata all'intera retribuzione), risultando detta interpretazione idonea ad evitare che l'incidenza sulla retribuzione possa essere di aggravio della situazione dei congiunti del portatore di handicap e disincentivare l'utilizzazione del permesso.

Autorità: Corte Conti reg. sez. giurisd.

Data: 08/07/2010

n. 24

Parti: V.D.O. **C.** Proc. reg.

Fonti: Riv. corte conti 2010, 4, 96 (s.m)

Classificazioni: IMPIEGATI DELLO STATO - Diritti dell'impiegato - - astensione obbligatoria per maternità

Il d.lg. 26 marzo 2001 n. 151, art. 32 comma 1 lett. b), nel prevedere - in attuazione della legge-delega 8 marzo 2000 n. 53 - che il lavoratore possa astenersi dal lavoro nei primi otto anni di vita del figlio (cd. congedo parentale), percependo dall'ente previdenziale un'indennità commisurata ad una parte della retribuzione, configura un diritto potestativo che il padre lavoratore può esercitare nei confronti del datore di lavoro (nella specie: Azienda municipale), nonché dell'ente tenuto all'erogazione dell'indennità (nella specie: Inps), onde garantire con la propria presenza il soddisfacimento dei bisogni affettivi del bambino, e della sua esigenza di un pieno inserimento nella famiglia.

Autorità: T.A.R. L'Aquila

Data: 04/10/1989

n. 448

Parti: Basilavecchia **C.** Usl Atri

Fonti: Foro Amm. 1990, 1859

Classificazioni: IMPIEGATI DELLO STATO - Congedo ordinario e straordinario - - straordinario per gravi motivi

L'assenza dell'impiegata per comprovata malattia di figlio di età inferiore ai tre anni, si configura come dovuta a gravi motivi, in virtù dell'art. 7 l. 30 dicembre 1971 n. 1204, che ne riconosce il diritto; essa pertanto non può essere oggetto di valutazione dell'amministrazione, con riguardo alla sussistenza dei gravi motivi e, in applicazione delle norme sui congedi straordinari retribuiti, se concessi per tali cause, nelle pubbliche amministrazioni, dà diritto al previsto trattamento economico (nella specie, per i dipendenti delle USL, in applicazione dell'art. 10 d.P.R. 25 giugno 1983 n. 348).

9. Lavoro notturno.
Normativa
CAPO VIII
Lavoro notturno

ARTICOLO N.53

Lavoro notturno (legge 9 dicembre 1977, n. 903, art. 5, commi 1 e 2, lettere a) e b)

1. È vietato adibire le donne al lavoro, dalle ore 24 alle ore 6, dall'accertamento dello stato di gravidanza fino al compimento di un anno di età del bambino.
2. Non sono obbligati a prestare lavoro notturno:
a) la lavoratrice madre di un figlio di età inferiore a tre anni o, in alternativa, il lavoratore padre convivente con la stessa;
b) la lavoratrice o il lavoratore che sia l'unico genitore affidatario di un figlio convivente di età inferiore a dodici anni.
3. Ai sensi dell'articolo 5, comma 2, lettera c), della legge 9 dicembre 1977, n. 903, non sono altresì obbligati a prestare lavoro notturno la lavoratrice o

il lavoratore che abbia a proprio carico un soggetto disabile ai sensi della legge 5 febbraio 1992, n. 104, e successive modificazioni.

10. Licenziamento e dimissioni del lavoratore padre
Divieto di licenziamento, dimissioni e diritto al rientro (1)
(1) Rubrica così modificata dall'articolo 4, comma 1, del D.LGS. 23 aprile 2003, n. 115.

Normativa:

ARTICOLO N.54

Divieto di licenziamento (legge 30 dicembre 1971, n. 1204, art. 2, commi 1, 2, 3, 5, e art. 31, comma 2; legge 9 dicembre 1977, n. 903, art. 6-bis, comma 4; decreto legislativo 9 settembre 1994, n. 566, art. 2, comma 2; legge 8 marzo 2000, n. 53, art. 18, comma 1)

1. Le lavoratrici non possono essere licenziate dall'inizio del periodo di gravidanza fino al termine dei periodi di interdizione dal lavoro previsti dal Capo III, nonché fino al compimento di un anno di età del bambino.

2. Il divieto di licenziamento opera in connessione con lo stato oggettivo di gravidanza, e la lavoratrice, licenziata nel corso del periodo in cui opera il divieto, è tenuta a presentare al datore di lavoro idonea certificazione dalla quale risulti l'esistenza all'epoca del licenziamento, delle condizioni che lo vietavano.

3. Il divieto di licenziamento non si applica nel caso:

a) di colpa grave da parte della lavoratrice, costituente giusta causa per la risoluzione del rapporto di lavoro;

b) di cessazione dell'attività dell'azienda cui essa è addetta;

c) di ultimazione della prestazione per la quale la lavoratrice è stata assunta o di risoluzione del rapporto di lavoro per la scadenza del termine;

d) di esito negativo della prova; resta fermo il divieto di discriminazione di cui all'articolo 4 della legge 10 aprile 1991, n. 125, e successive modificazioni.

4. Durante il periodo nel quale opera il divieto di licenziamento, la lavoratrice non può essere sospesa dal lavoro, salvo il caso che sia sospesa l'attività dell'azienda o del reparto cui essa è addetta, sempreché il reparto stesso abbia autonomia funzionale. La lavoratrice non può altresì essere collocata in mobilità a seguito di licenziamento collettivo ai sensi della legge 23 luglio 1991, n. 223, e successive modificazioni, salva l'ipotesi di collocamento in mobilità a seguito della cessazione dell'attività dell'azienda di cui al comma 3, lettera b) (1) .

5. Il licenziamento intimato alla lavoratrice in violazione delle disposizioni di cui ai commi 1, 2 e 3, è nullo.

6. È altresì nullo il licenziamento causato dalla domanda o dalla fruizione del congedo parentale e per la malattia del bambino da parte della lavoratrice o del lavoratore.

7. In caso di fruizione del congedo di paternità, di cui all'articolo 28, il divieto di licenziamento si applica anche al padre lavoratore per la durata del congedo stesso e si estende fino al compimento di un anno di età del bambino. Si applicano le disposizioni del presente articolo, commi 3, 4 e 5.

8. L'inosservanza delle disposizioni contenute nel presente articolo è punita con la sanzione amministrativa da euro 1.032 a euro 2.582. Non è ammesso il pagamento in misura ridotta di cui all'articolo 16 della legge 24 novembre 1981, n. 689.

9. Le disposizioni del presente articolo si applicano anche in caso di adozione e di affidamento. Il divieto di licenziamento si applica fino ad un anno dall'ingresso del minore nel nucleo familiare. In caso di adozione internazionale, il divieto opera dal momento della comunicazione della proposta di incontro con il minore adottando, ai sensi dell'articolo 31, terzo comma, lettera d), della legge 4 maggio 1983, n. 184, e successive modificazioni, ovvero della comunicazione dell'invito a recarsi all'estero per ricevere la proposta di abbinamento (2).

(1) Comma modificato dall'articolo 4, comma 2, del D.lgs. 23 aprile 2003, n. 115.

(2) Comma sostituito dall'articolo 2, comma 1, lettera b) del D.lgs. 25 gennaio 2010, n. 5.

ARTICOLO N.55

Dimissioni (legge 30 dicembre 1971, n. 1204, art. 12; legge 8 marzo 2000, n. 53, art. 18, comma 2)

1. In caso di dimissioni volontarie presentate durante il periodo per cui è previsto, a norma dell'articolo 54, il divieto di licenziamento, la lavoratrice ha diritto alle indennità previste da disposizioni di legge e contrattuali per il caso di licenziamento.

2. La disposizione di cui al comma 1 si applica al padre lavoratore che ha fruito del congedo di paternità.

3. La disposizione di cui al comma 1 si applica anche nel caso di adozione e di affidamento, entro un anno dall'ingresso del minore nel nucleo familiare.

4. La risoluzione consensuale del rapporto o la richiesta di dimissioni presentate dalla lavoratrice, durante il periodo di gravidanza, e dalla lavoratrice o dal lavoratore durante i primi tre anni di vita del bambino o nei primi tre anni di accoglienza del minore adottato o in affidamento, o, in caso di adozione internazionale, nei primi tre anni decorrenti dalle comunicazioni di cui all'articolo 54, comma 9, devono essere convalidate dal servizio ispettivo del Ministero del lavoro e delle politiche sociali competente per territorio. A detta convalida e' sospensivamente condizionata l'efficacia della risoluzione del rapporto di lavoro (1).

5. Nel caso di dimissioni di cui al presente articolo, la lavoratrice o il lavoratore non sono tenuti al preavviso (A).

(1) Comma sostituito dall'articolo 4, comma 16, della legge 28 giugno 2012, n. 92. Vedi anche quanto disposto dai commi dal 17 al 23 del medesimo articolo 4 .

(A) In riferimento al presente comma vedi: Nota del Ministero del Lavoro e delle Politiche Sociali 7 novembre 2014, n. 28/2014.

ARTICOLO N.56

Diritto al rientro e alla conservazione del posto (legge 30 dicembre 1971, n. 1204, art. 2, comma 6; legge 8 marzo 2000, n. 53, art. 17, comma 1)

1. Al termine dei periodi di divieto di lavoro previsti dal Capo II e III, le lavoratrici hanno diritto di conservare il posto di lavoro e, salvo che espressamente vi rinuncino, di rientrare nella stessa unità produttiva ove erano occupate all'inizio del periodo di gravidanza o in altra ubicata nel medesimo comune, e di permanervi fino al compimento di un anno di età del bambino; hanno altresì diritto di essere adibite alle mansioni da ultimo svolte o a mansioni equivalenti , nonché di beneficiare di eventuali miglioramenti delle condizioni di lavoro, previsti dai contratti collettivi ovvero in via legislativa o regolamentare, che sarebbero loro spettati durante l'assenza (1).

2. La disposizione di cui al comma 1 si applica anche al lavoratore al rientro al lavoro dopo la fruizione del congedo di paternità.

3. Negli altri casi di congedo, di permesso o di riposo disciplinati dal presente testo unico, la lavoratrice e il lavoratore hanno diritto alla conservazione del posto di lavoro e, salvo che espressamente vi rinuncino, al rientro nella stessa unità produttiva ove erano occupati al momento della richiesta, o in altra ubicata nel medesimo comune; hanno altresì diritto di essere adibiti alle mansioni da ultimo svolte o a mansioni equivalenti.

4. Le disposizioni del presente articolo si applicano anche in caso di adozione e di affidamento. Le disposizioni di cui ai commi 1 e 2 si applicano fino a un anno dall'ingresso del minore nel nucleo familiare.

4-bis. L'inosservanza delle disposizioni contenute nel presente articolo è punita con la sanzione amministrativa di cui all' articolo 54 , comma 8. Non è ammesso il pagamento in misura ridotta di cui all' articolo 16 della legge 24 novembre 1981, n. 689 (2) .

(1) Comma modificato dall' articolo 8-quater del D.L. 8 aprile 2008, n. 59, convertito, con modificazioni dalla Legge 6 giugno 2008, n. 101.

(2) Comma inserito dall'articolo 4, comma 3, del D.LGS. 23 aprile 2003, n. 115.

Giurisprudenza:

Autorità: Cassazione civile sez. lav.

Data: 11/07/2012

n. 11676

Parti: Soc. Bencivenni C. M.

Fonti: Giustizia Civile Massimario 2012, 7-8, 902
Giustizia Civile 2013, 7-8, I, 1466

Classificazioni: LAVORO SUBORDINATO (Rapporto di) - Estinzione e risoluzione del rapporto: dimissioni - - volontarie

Lavoro subordinato (rapporto di) - Donne e fanciulli - Diritto alla conservazione del posto - Dimissioni del lavoratore padre presentate durante il periodo di divieto di licenziamento - Estensione delle tutele previste per il caso di licenziamento - Condizioni - Fruizione del congedo di paternità - Fondamento

In tema di dimissioni del lavoratore padre, l'estensione delle tutele previste per il caso di licenziamento in periodo di fruizione del congedo e fino al compimento di un anno di età del bambino anche al padre lavoratore, per il caso di dimissione volontarie presentate durante il periodo di divieto di licenziamento, è condizionata alla fruizione del congedo di paternità, in quanto altrimenti il datore di lavoro, che normalmente non conosce la situazione familiare del dipendente se non a seguito della fruizione del congedo, non potrebbe, in contrasto con il principio della certezza dei rapporti giuridici, accettare le dimissioni del lavoratore senza cautelativamente disporne la convalida dinanzi al Servizio ispettivo del Ministero del lavoro.

Autorità: Cassazione civile sez. lav.

Data: 08/08/2011

n. 17087

Parti: Maccarone **C.** La Valtiglionese ed altro

Fonti: Giust. civ. Mass. 2011, 7-8, 1158

Classificazioni: LAVORO SUBORDINATO (Rapporto di) - Estinzione e risoluzione del rapporto: licenziamento - - in genere

Lavoro subordinato (rapporto di) - Estinzione e risoluzione del rapporto - Licenziamento - Licenziamento per ritorsione - Discriminatorio - Nullità - Presupposti - Fattispecie

Il licenziamento per ritorsione, diretta o indiretta — assimilabile a quello discriminatorio, vietato dagli art. 4 della legge n. 604 del 1966, 15 della legge n. 300 del 1970 e 3 della legge n. 108 del 1990 — costituisce l'ingiusta e arbitraria reazione ad un comportamento legittimo del lavoratore colpito o di altra persona ad esso legata e pertanto accomunata nella reazione, con conseguente nullità del licenziamento, quando il motivo ritorsivo sia stato l'unico determinante e sempre che il lavoratore ne abbia fornito prova, anche con presunzioni. (Nella specie, la sentenza impugnata è stata cassata dalla S.C. la quale ha valutato come ritorsivo il licenziamento disciplinare della figlia rispetto alle rivendicazioni del padre, dipendente della medesima impresa, e al successivo contenzioso insorto).

Autorità: Corte Conti reg. sez. giurisd.

Data: 08/07/2010

n. 24

Parti: V.D.O. **C.** P.R.

Fonti: Riv. corte conti 2010, 4, 96 (s.m)

Classificazioni: IMPIEGATI DELLO STATO - Responsabilità amministrativa - - danno erariale

Nella ipotesi in cui si accerti che il periodo di congedo parentale sia - invece - utilizzato dal padre per svolgere una diversa attività lavorativa, si configura un abuso per sviamento dalla funzione propria del diritto, idoneo ad essere valutato dal giudice civile ai fini della sussistenza di una giusta causa di licenziamento, e dalla Corte dei conti nel giudizio di responsabilità amministrativa al fine della imputazione del danno erariale nella misura corrispondente agli emolumenti indebitamente percepiti per effetto dell'abuso del diritto.

Autorità: Cassazione civile sez. lav.

Data: 17/02/2010

n. 3682

Parti: Soc. La Quattro **C. P.A.**

Fonti: Redazione Giuffrè 2010

Classificazioni: LAVORO SUBORDINATO (Rapporto di) - Estinzione e risoluzione del rapporto: licenziamento - - contestazione dei motivi

Se il licenziamento orale risulta illegittimo, il datore non può disconoscerlo in corso di causa sostenendo che è stato intimato da chi non ne aveva il potere: è irrilevante stabilire da chi fosse stato intimato originariamente il licenziamento, anche perché non risulta affatto che il primo licenziamento (quello di cui si contesta la sussistenza perché non sarebbe stato intimato dal legale rappresentante della società ma, oralmente, dal padre di quest'ultimo) sia stato smentito dalla società stessa richiamando immediatamente in servizio il dipendente; in questo modo la società, attraverso un comportamento concludente, ha fatto proprio quel primo atto di recesso. Inoltre, il secondo licenziamento, quello intimato per iscritto, appare sostanzialmente confermativo del primo, sia per la breve distanza di tempo (21 giorni), sia perché non risulta che il rapporto sia ripreso nel periodo intermedio.

Autorità: Cassazione civile sez. I

Data: 28/08/2008

n. 21773

Parti: C. S. **C.** F. F.

Fonti: Diritto e Giustizia online 2008
Il civilista 2009, 5, 20 (s.m.) (nota di: ROVACCHI)

Classificazioni: MATRIMONIO - Diritti e doveri dei coniugi - - educazione, istruzione e mantenimento della prole

L'obbligo di mantenimento dei figli maggiorenni può ritenersi cessato quando sia fornita la prova (incombente sul genitore onerato) che il figlio ha raggiunto l'indipendenza economica, o è stato posto nelle condizioni concrete per conseguirla, ovvero che il mancato svolgimento di un'attività lavorativa dipende da un atteggiamento del figlio colposo od inerte. Il raggiungimento dell'indipendenza economica non coincide con l'instaurazione effettiva di un rapporto di lavoro giuridicamente stabile, ma con il verificarsi di una situazione tale da far ragionevolmente dedurne l'acquisto, anche se per licenziamento, dimissioni o altra causa tale rapporto venga poi meno (in applicazione del suindicato principio, la Corte ha accolto il ricorso di un padre che chiedeva la revoca dell'assegno di mantenimento del figlio maggiorenne, atteso che quest'ultimo era stato assunto, seppur in prova, presso una compagnia aerea).

Autorità: Cassazione civile sez. lav.

Data: 16/06/2008

n. 16207

Parti: Soc. Electrolux **C. M.**

Fonti: Giust. civ. Mass. 2008, 6, 951
Guida al diritto 2008, 27, 62 (s.m.) (nota di: Tatarelli)
Diritto e Giustizia online 2008
Foro it. 2008, 9, I, 2451

Classificazioni: LAVORO SUBORDINATO (Rapporto di) - Estinzione e risoluzione del rapporto: licenziamento - - per giusta causa

Lavoro subordinato (rapporto di) - Estinzione e risoluzione del rapporto - Licenziamento - Per giusta causa - Congedo parentale ex art. 32, comma 1, lett. b, d.lg. n. 151 del 2001 - Natura e funzione - Diritto potestativo diretto al soddisfacimento dei bisogni affettivi del

bambino e del suo inserimento nella famiglia - Utilizzazione del congedo per finalità diverse (nella specie, attività lavorativa in esercizio commerciale di proprietà del coniuge) - Abuso per sviamento dalla funzione del diritto - Configurabilità - Conseguenze - Licenziamento per giusta causa - Configurabilità

In tema di congedo parentale, l'art. 32, comma 1, lett. b, del d.lg. n. 151 del 2001, nel prevedere - in attuazione della legge delega n. 53 del 2000 - che il lavoratore possa astenersi dal lavoro nei primi otto anni di vita del figlio, percependo dall'ente previdenziale un'indennità commisurata ad una parte della retribuzione, configura un diritto potestativo che il padre-lavoratore può esercitare nei confronti del datore di lavoro, nonché dell'ente tenuto all'erogazione dell'indennità, onde garantire con la propria presenza il soddisfacimento dei bisogni affettivi del bambino e della sua esigenza di un pieno inserimento nella famiglia; pertanto, ove si accerti che il periodo di congedo viene utilizzato dal padre per svolgere una diversa attività lavorativa, si configura un abuso per sviamento dalla funzione del diritto, idoneo ad essere valutato dal giudice ai fini della sussistenza di una giusta causa di licenziamento, non assumendo rilievo che lo svolgimento di tale attività (nella specie, presso una pizzeria di proprietà della moglie) contribuisca ad una migliore organizzazione della famiglia.

Autorità: Cassazione civile sez. lav.

Data: 16/06/2008

n. 16207

Parti: Soc. Electrolux **C. M.**

Fonti: Riv. it. dir. lav. 2009, 2, II, 277 (s.m.) (nota di: Calafà)
Ragiusan 2010, 309-310, 256 (s.m)

Classificazioni: LAVORO SUBORDINATO (Rapporto di) - Estinzione e risoluzione del rapporto: licenziamento - - per giusta causa

Maternità e paternità - Congedo di paternità - Utilizzo per lo svolgimento di altra attività lavorativa - Giusta causa di licenziamento - Sussistenza.

L'art. 32, comma 1, lett. b), d.lg. n. 151/01, nel prevedere - in attuazione della legge-delega 8 marzo 2000 n. 53 - che il lavoratore possa astenersi dal lavoro nei primi otto anni di vita del figlio, percependo dall'ente previdenziale un'indennità commisurata ad una parte della retribuzione, configura un diritto potestativo che il padre-lavoratore può esercitare nei confronti del datore di lavoro, nonché dell'ente tenuto all'erogazione dell'indennità, onde garantire con la propria presenza il soddisfacimento dei bisogni affettivi del bambino e della sua esigenza di un pieno inserimento nella famiglia; pertanto, ove si accerti che il periodo di congedo viene invece utilizzato dal padre per svolgere una diversa attività lavorativa, si configura un abuso per sviamento dalla funzione propria del diritto, idoneo ad essere valutato dal giudice ai fini della sussistenza di una giusta causa di licenziamento, non assumendo rilievo che lo svolgimento di tale attività contribuisca ad una migliore organizzazione della famiglia (fattispecie in cui un lavoratore aveva utilizzato il congedo parentale per aiutare la moglie nel gestire una pizzeria di sua proprietà).

Autorità: Tribunale Milano

Data: 14/11/2005

n.

Parti: Burghianti **C.** La Rosa

Fonti: Lavoro nella giur. 2006, 6, 617

Classificazioni: LAVORO SUBORDINATO (Rapporto di) - Durata del rapporto - - licenziamenti (blocco e limitazioni dei)

Ai sensi degli art. 54 e 55, d.lg. n. 151/2001, la lavoratrice madre (o il lavoratore padre) che dia le dimissioni durante il periodo per cui è previsto il divieto di licenziamento ha diritto, in ogni caso, all'indennità sostitutiva del preavviso dovendosi considerare irrilevanti i motivi delle dimissioni non solo per il tenore letterale delle citate disposizioni, ma anche perché l'opzione interpretativa opposta postulerebbe di volta in volta un accertamento in fatto il cui contenuto ed i cui limiti sono di incerta definizione.

Autorità: Cassazione civile sez. lav.

Data: 12/04/1991

n. 3901

Parti: Laurenzano **C.** Soc. Laminati plastici e altro

Fonti: Riv. giur. lav. 1991, II,165 (nota).

Classificazioni: LAVORO SUBORDINATO (Rapporto di) - Retribuzione - - cassa integrazione guadagni

È legittimo il licenziamento di un lavoratore in cassa integrazione guadagni, che presta nel contempo attività lavorativa remunerata presso terzi (nel caso di specie presso l'agenzia di pratiche automobilistiche del padre).

Autorità: Pretura Milano

Data: 15/01/1982

n.

Parti: Demasi **C.** Soc. Generale Supermercati

Fonti: Orient. giur. lav. 1982, 516.

Classificazioni: LAVORO SUBORDINATO (Rapporto di) - Estinzione e risoluzione del rapporto: licenziamento - - per giustificato motivo

La lavoratrice madre che intende avvalersi del diritto di assentarsi dal lavoro per il periodo di sei mesi entro il primo anno di vita del bambino e trascorso il periodo di astensione obbligatoria, deve darne comunicazione all'azienda e la giustificazione dell'assenza sussiste solo a decorrere dal giorno della predetta comunicazione. Deve pertanto ritenersi giustificato il licenziamento della lavoratrice madre o del padre che in sua vece intende avvalersi del periodo di astensione facoltativa ex art. 7 della legge n. 903 del 1977, per assenza ingiustificata superiore a tre giorni in fattispecie di comunicazione tardiva.

Autorità: Pretura Milano

Data: 26/04/1980

n.

Parti: Molgaro **C.** Soc. Montubi

Fonti: Orient. giur. lav. 1980, 851

Classificazioni: LAVORO SUBORDINATO (Rapporto di) - Estinzione e risoluzione del rapporto: licenziamento - - per giustificato motivo

Deve ritenersi legittimo il licenziamento di un dipendente che si sia assentato dal lavoro per più di dieci giorni, anche per un grave motivo quale la malattia del padre, senza comunicare all'azienda il motivo dell'assenza.

11. Il lavoratore padre e le disposizioni speciali

Normativa:

CAPO X
Disposizioni speciali

ARTICOLO N.57

Rapporti di lavoro a termine nelle pubbliche amministrazioni (decreto-legge 29 marzo 1991, n. 103, convertito dalla legge 1 giugno 1991, n. 166, art. 8)

1. Ferma restando la titolarità del diritto ai congedi di cui al presente testo unico, alle lavoratrici e ai lavoratori assunti dalle amministrazioni pubbliche con contratto a tempo determinato, di cui alla legge 18 aprile 1962, n. 230, o utilizzati con contratto di lavoro temporaneo, di cui alla legge 24 giugno 1997, n. 196, spetta il trattamento economico pari all'indennità prevista dal presente testo unico per i congedi di maternità, di paternità e parentali, salvo che i relativi ordinamenti prevedano condizioni di migliore favore (1) .
2. Alle lavoratrici e ai lavoratori di cui al comma 1 si applica altresì quanto previsto dall'articolo 24, con corresponsione del trattamento economico a cura dell'amministrazione pubblica presso cui si è svolto l'ultimo rapporto di lavoro.
(1) Comma modificato dall'articolo 5, comma 1, del D.LGS. 23 aprile 2003, n. 115.

ARTICOLO N.58

Personale militare (decreto legislativo 31 gennaio 2000, n. 24, art. 4, comma 2, e 5, commi 2 e 3) (1)

[1. Le assenze dal servizio per motivi connessi allo stato di maternità, disciplinate dal presente testo unico, non pregiudicano la posizione di stato giuridico del personale in servizio permanente delle Forze armate e del Corpo della guardia di finanza, salvo quanto previsto dal comma 2.
2. I periodi di congedo di maternità, previsti dagli articoli 16 e 17, sono validi a tutti gli effetti ai fini dell'anzianità di servizio. Gli stessi periodi sono computabili ai fini della progressione di carriera, salva la necessità dell'effettivo compimento nonché del completamento degli obblighi di comando, di attribuzioni specifiche, di servizio presso enti o reparti e di imbarco, previsti dalla normativa vigente.
3. Il personale militare che si assenta dal servizio per congedo parentale e per la malattia del figlio è posto in licenza straordinaria per motivi privati, equiparata a tutti gli effetti a quanto previsto agli articoli 32 e 47. Il periodo trascorso in tale licenza è computabile, ai fini della progressione di carriera,

nei limiti previsti dalla disciplina vigente in materia di documenti caratteristici degli ufficiali, dei sottufficiali e dei militari di truppa dell'Esercito, della Marina e dell'Aeronautica relativamente al periodo massimo di assenza che determina la fine del servizio.]
(1) Articolo abrogato dall'articolo 2268, comma 1, del D.Lgs. 15 marzo 2010, n. 66.

ARTICOLO N.59
Lavoro stagionale (legge 30 dicembre 1971, n. 1204, art. 2, comma 4)

1. Le lavoratrici addette ad industrie e lavorazioni che diano luogo a disoccupazione stagionale, di cui alla tabella annessa al decreto ministeriale 30 novembre 1964, e successive modificazioni, le quali siano licenziate a norma della lettera b) del comma 3 dell'articolo 54, hanno diritto, per tutto il periodo in cui opera il divieto di licenziamento, sempreché non si trovino in periodo di congedo di maternità, alla ripresa dell'attività lavorativa stagionale e alla precedenza nelle riassunzioni.
2. Alle lavoratrici e ai lavoratori stagionali si applicano le disposizioni dell'articolo 7 del decreto legislativo 16 settembre 1996, n. 564, in materia contributiva.
3. Alle straniere titolari di permesso di soggiorno per lavoro stagionale è riconosciuta l'assicurazione di maternità, ai sensi della lettera d), comma 1, dell'articolo 25 del decreto legislativo 25 luglio 1998, n. 286.

ARTICOLO N.60
Lavoro a tempo parziale (decreto legislativo 25 febbraio 2000, n. 61, art. 4, comma 2)

1. In attuazione di quanto previsto dal decreto legislativo 25 febbraio 2000, n. 61, e, in particolare, del principio di non discriminazione, la lavoratrice e il lavoratore a tempo parziale beneficiano dei medesimi diritti di un dipendente a tempo pieno comparabile, per quanto riguarda la durata dei congedi previsti dal presente testo unico. Il relativo trattamento economico è riproporzionato in ragione della ridotta entità della prestazione lavorativa.
2. Ove la lavoratrice o il lavoratore a tempo parziale e il datore di lavoro abbiano concordato la trasformazione del rapporto di lavoro in rapporto a tempo pieno per un periodo in parte coincidente con quello del congedo di maternità, è assunta a riferimento la base di calcolo più favorevole della retribuzione, agli effetti di quanto previsto dall'articolo 23, comma 4.

3. Alle lavoratrici e ai lavoratori di cui al comma 1 si applicano le disposizioni dell'articolo 8 del decreto legislativo 16 settembre 1996, n. 564, in materia contributiva.

ARTICOLO N.61
Lavoro a domicilio (legge 30 dicembre 1971, n. 1204, articoli 1, 13, 18, 22; legge 8 marzo 2000, n. 53, art. 3)

1. Le lavoratrici e i lavoratori a domicilio hanno diritto al congedo di maternità e di paternità. Si applicano le disposizioni di cui agli articoli 6, comma 3, 16, 17, 22, comma 3, e 54, ivi compreso il relativo trattamento economico e normativo.
2. Durante il periodo di congedo, spetta l'indennità giornaliera di cui all'articolo 22, a carico dell'INPS, in misura pari all'80 per cento del salario medio contrattuale giornaliero, vigente nella provincia per i lavoratori interni, aventi qualifica operaia, della stessa industria.
3. Qualora, per l'assenza nella stessa provincia di industrie similari che occupano lavoratori interni, non possa farsi riferimento al salario contrattuale provinciale di cui al comma 2, si farà riferimento alla media dei salari contrattuali provinciali vigenti per la stessa industria nella regione, e, qualora anche ciò non fosse possibile, si farà riferimento alla media dei salari provinciali vigenti nella stessa industria del territorio nazionale.
4. Per i settori di lavoro a domicilio per i quali non esistono corrispondenti industrie che occupano lavoratori interni, con apposito decreto del Ministro per il lavoro e la previdenza sociale, sentite le organizzazioni sindacali interessate, si prenderà a riferimento il salario medio contrattuale giornaliero vigente nella provincia per i lavoratori aventi qualifica operaia dell'industria che presenta maggiori caratteri di affinità.
5. La corresponsione dell'indennità di cui al comma 2 è subordinata alla condizione che, all'inizio del congedo di maternità, la lavoratrice riconsegni al committente tutte le merci e il lavoro avuto in consegna, anche se non ultimato.

ARTICOLO N.62
Lavoro domestico (legge 30 dicembre 1971, n. 1204, articoli 1, 13, 19, 22; legge 8 marzo 2000, n. 53, art. 3)

1. Le lavoratrici e i lavoratori addetti ai servizi domestici e familiari hanno diritto al congedo di maternità e di paternità. Si applicano le disposizioni di cui agli articoli 6, comma 3, 16, 17, 22, comma 3 e 6, ivi compreso il relativo trattamento economico e normativo.

2. Per il personale addetto ai servizi domestici familiari, l'indennità di cui all' articolo 22 ed il relativo finanziamento sono regolati secondo le modalità e le disposizioni stabilite dal decreto del Presidente della Repubblica 31 dicembre 1971, n. 1403.

ARTICOLO N.63

Lavoro in agricoltura (decreto-legge 22 dicembre 1981, n. 791, convertito dalla legge 26 febbraio 1982, n. 54, art. 14; decreto-legge 12 settembre 1983, n. 463, convertito dalla legge 11 novembre 1983, n. 638, art. 5; decreto legislativo 16 aprile 1997, n. 146, art. 4; legge 17 maggio 1999, n. 144, art. 45, comma 21)

1. Le prestazioni di maternità e di paternità di cui alle presenti disposizioni per le lavoratrici e i lavoratori agricoli a tempo indeterminato sono corrisposte, ferme restando le modalità erogative di cui all'articolo 1, comma 6 del decreto-legge 30 dicembre 1979, n. 663, convertito, con modificazioni, dalla legge 29 febbraio 1980, n. 33, con gli stessi criteri previsti per i lavoratori dell'industria.
2. Le lavoratrici e i lavoratori agricoli con contratto a tempo determinato iscritti o aventi diritto all'iscrizione negli elenchi nominativi di cui all'articolo 7, n. 5), del decreto-legge 3 febbraio 1970, n. 7, convertito, con modificazioni, dalla legge 11 marzo 1970, n. 83, hanno diritto alle prestazioni di maternità e di paternità a condizione che risultino iscritti nei predetti elenchi nell'anno precedente per almeno 51 giornate.
3. È consentita l'ammissione delle lavoratrici e dei lavoratori alle prestazioni di maternità e di paternità, mediante certificazione di iscrizione d'urgenza negli elenchi nominativi dei lavoratori agricoli, ai sensi dell'articolo 4, comma 4, del decreto legislativo luogotenenziale 9 aprile 1946, n. 212, e successive modificazioni.
4. Per le lavoratrici e i lavoratori agricoli a tempo indeterminato le prestazioni per i congedi, riposi e permessi di cui ai Capi III, IV, V e VI sono calcolate sulla base della retribuzione di cui all'articolo 12 della legge 30 aprile 1969, n. 153, prendendo a riferimento il periodo mensile di paga precedente a quello nel corso del quale ha avuto inizio il congedo.
5. Per le lavoratrici e i lavoratori agricoli a tempo determinato, esclusi quelli di cui al comma 6, le prestazioni per i congedi, riposi e permessi sono determinate sulla base della retribuzione fissata secondo le modalità di cui all'articolo 28 del decreto del Presidente della Repubblica 27 aprile 1968, n. 488, ai sensi dell'articolo 3 della legge 8 agosto 1972, n. 457.
6. Per le lavoratrici e i lavoratori agricoli di cui al comma 2 il salario medio convenzionale determinato con decreto del Ministero del lavoro e della

previdenza sociale e rilevato nel 1995, resta fermo, ai fini della contribuzione e delle prestazioni temporanee, fino a quando il suo importo per le singole qualifiche degli operai agricoli non sia superato da quello spettante nelle singole province in applicazione dei contratti collettivi stipulati dalle organizzazioni sindacali maggiormente rappresentative. A decorrere da tale momento trova applicazione l'articolo 1, comma 1, del decreto-legge 9 ottobre 1989, n. 338, convertito, con modificazioni, dalla legge 7 dicembre 1989, n. 389, e successive modificazioni (1).

7. Per le lavoratrici e i lavoratori agricoli compartecipanti e piccoli coloni l'ammontare della retribuzione media è stabilito in misura pari a quella di cui al comma 5.

(1) Per l'interpretazione autentica del presente comma vedi l'articolo 2, comma 153, della legge 23 dicembre 2009, n. 191.

ARTICOLO N.64

Lavoratrici iscritte alla gestione separata di cui all' articolo 2, comma 26, della legge 8 agosto 1995, n. 335 (1)

1. In materia di tutela della maternità, alle lavoratrici di cui all'articolo 2, comma 26 della legge 8 agosto 1995, n. 335, non iscritte ad altre forme obbligatorie, si applicano le disposizioni di cui al comma 16 dell'articolo 59 della legge 27 dicembre 1997, n. 449, e successive modificazioni.

2. Ai sensi del comma 12 dell'articolo 80 della legge 23 dicembre 2000, n. 388, la tutela della maternità prevista dalla disposizione di cui al comma 16, quarto periodo, dell'articolo 59 della legge 27 dicembre 1997, n. 449, avviene nelle forme e con le modalità previste per il lavoro dipendente. A tal fine, [con decreto del Ministro del lavoro e delle politiche sociali, di concerto con il Ministro dell'economia e delle finanze, è disciplinata tale estensione nei limiti delle risorse rinvenienti dallo specifico gettito contributivo. Fino ad eventuali modifiche apportate con il predetto provvedimento,] si applica il decreto del Ministro del lavoro e delle politiche sociali, di concerto con il Ministro dell'economia e delle finanze, del 4 aprile 2002 , pubblicato nella Gazzetta Ufficiale n. 136 del 12 giugno 2002. Con decreto del Ministro del lavoro e della previdenza sociale, di concerto con il Ministro dell'economia e delle finanze, è disciplinata l'applicazione delle disposizioni di cui agli articoli 7, 17 e 22 nei limiti delle risorse rinvenienti dallo specifico gettito contributivo, da determinare con il medesimo decreto (2) (3).

(1) Rubrica sostituita dall'articolo 5, comma 2, del D.LGS. 23 aprile 2003, n. 115.

(2) Comma modificato dall'articolo 5, comma 2, del D.LGS. 23 aprile 2003, n. 115 e dall'articolo 1, comma 791, della legge 27 dicembre 2006, n. 296,

come modificato dall'articolo 1, comma 83, della legge 24 dicembre 2007, n. 247.

(3) La Corte Costituzionale, con sentenza 22 novembre 2012, n. 257 (in Gazz. Uff., 28 novembre, n. 47), ha dichiarato l'illegittimità costituzionale del presente comma, come integrato dal richiamo al decreto ministeriale 4 aprile 2002 del Ministro del lavoro e delle politiche sociali, di concerto con il Ministro dell'economia e delle finanze, pubblicato nella Gazzetta Ufficiale n. 136 del 12 giugno 2002, nella parte in cui, relativamente alle lavoratrici iscritte alla gestione separata di cui all'articolo 2, comma 26, della legge 8 agosto 1995, n. 335 (Riforma del sistema pensionistico obbligatorio e complementare), che abbiano adottato o avuto in affidamento preadottivo un minore, prevede l'indennità di maternità per un periodo di tre mesi anziché di cinque mesi.

ARTICOLO N.65

Attività socialmente utili (decreto legislativo 1 dicembre 1997, n. 468, art. 8, comma 3, 15, 16 e 17; decreto legislativo 28 febbraio 2000, n. 81, articoli 4 e 10)

1. Le lavoratrici e i lavoratori di cui al decreto legislativo 1 dicembre 1997, n. 468, e successive modificazioni, impegnati in attività socialmente utili hanno diritto al congedo di maternità e di paternità. Alle lavoratrici si applica altresì la disciplina di cui all'articolo 17 del presente testo unico.
2. Alle lavoratrici e ai lavoratori di cui al comma 1, che non possono vantare una precedente copertura assicurativa ai sensi dell'articolo 24, per i periodi di congedo di maternità e di paternità, viene corrisposta dall'INPS un'indennità pari all'80 per cento dell'importo dell'assegno previsto dall'articolo 8, comma 3, del decreto legislativo 1 dicembre 1997, n. 468. I conseguenti oneri sono rimborsati, annualmente, tramite rendiconto dell'INPS, a carico del Fondo per l'occupazione di cui all'articolo 1, comma 7, del decreto-legge 20 maggio 1993, n. 148, convertito, con modificazioni, dalla legge 19 luglio 1993, n. 236, o del soggetto finanziatore dell'attività socialmente utile.
3. Alle lavoratrici e ai lavoratori viene riconosciuto il diritto a partecipare alle medesime attività socialmente utili ancora in corso o prorogate al termine del periodo di congedo di maternità e di paternità.
4. Alle lavoratrici e ai lavoratori impegnati a tempo pieno in lavori socialmente utili sono riconosciuti, senza riduzione dell'assegno, i riposi di cui agli articoli 39 e 40.

5. L'assegno è erogato anche per i permessi di cui all'articolo 33, comma 3, della legge 5 febbraio 1992, n. 104, anche ai sensi di quanto previsto all'articolo 42, commi 2, 3 e 6, del presente testo unico.

12. Sostegno alla maternità e alla paternità
CAPO XIII
Sostegno alla maternità e alla paternità

ARTICOLO N.74

Assegno di maternità di base (legge 23 dicembre 1998, n. 448, art. 66, commi 1, 2, 3, 4, 5-bis, 6; legge 23 dicembre 1999, n. 488, art. 49, comma 12; legge 23 dicembre 2000, n. 388, art. 80, commi 10 e 11) (1)

1. Per ogni figlio nato dal 1 gennaio 2001, o per ogni minore in affidamento preadottivo o in adozione senza affidamento dalla stessa data, alle donne residenti, cittadine italiane o comunitarie o in possesso di carta di soggiorno ai sensi dell'articolo 9 del decreto legislativo 25 luglio 1998, n. 286, che non beneficiano dell'indennità di cui agli articoli 22, 66 e 70 del presente testo unico , è concesso un assegno di maternità pari a complessivi euro 1.291,14.
2. Ai trattamenti di maternità corrispondono anche i trattamenti economici di maternità corrisposti da datori di lavoro non tenuti al versamento dei contributi di maternità.
3. L'assegno è concesso dai comuni nella misura prevista alla data del parto, alle condizioni di cui al comma 4. I comuni provvedono ad informare gli interessati invitandoli a certificare il possesso dei requisiti all'atto dell'iscrizione all'anagrafe comunale dei nuovi nati.
4. L'assegno di maternità di cui al comma 1, nonché l'integrazione di cui al comma 6, spetta qualora il nucleo familiare di appartenenza della madre risulti in possesso di risorse economiche non superiori ai valori dell'indicatore della situazione economica (ISE), di cui al decreto legislativo 31 marzo 1998, n. 109, tabella 1, pari a euro 25.822,84 annui con riferimento a nuclei familiari con tre componenti.
5. Per nuclei familiari con diversa composizione detto requisito economico è riparametrato sulla base della scala di equivalenza prevista dal predetto decreto legislativo n. 109 del 1998, tenendo anche conto delle maggiorazioni ivi previste.
6. Qualora il trattamento della maternità corrisposto alle lavoratrici che godono di forme di tutela economica della maternità diverse dall'assegno istituito al comma 1 risulti inferiore all'importo di cui al medesimo comma 1, le lavoratrici interessate possono avanzare ai comuni richiesta per la concessione della quota differenziale.
7. L'importo dell'assegno è rivalutato al 1 gennaio di ogni anno, sulla base della variazione dell'indice dei prezzi al consumo per le famiglie di operai e impiegati calcolato dall'ISTAT.

8. L'assegno di cui al comma 1, ferma restando la titolarità concessiva in capo ai comuni, è erogato dall'INPS sulla base dei dati forniti dai comuni, secondo modalità da definire nell'ambito dei decreti di cui al comma 9.

9. Con uno o più decreti del Ministro per la solidarietà sociale, di concerto con i Ministri del lavoro e della previdenza sociale e del tesoro, del bilancio e della programmazione economica, sono emanate le necessarie disposizioni regolamentari per l'attuazione del presente articolo.

10. Con tali decreti sono disciplinati i casi nei quali l'assegno, se non ancora concesso o erogato, può essere corrisposto al padre o all'adottante del minore.

11. Per i procedimenti di concessione dell'assegno di maternità relativi ai figli nati dal 2 luglio 1999 al 30 giugno 2000 continuano ad applicarsi le disposizioni di cui all'articolo 66 della legge 23 dicembre 1998, n. 448. Per i procedimenti di concessione dell'assegno di maternità relativi ai figli nati dal 1 luglio 2000 al 31 dicembre 2000 continuano ad applicarsi le disposizioni di cui al comma 12 dell'articolo 49 della legge 23 dicembre 1999, n. 488 (2) .

(1) In riferimento al presente articolo vedi: Circolare INPS 18 febbraio 2005, n. 32; Circolare INPS 27 febbraio 2014, n. 29.

(2) Per la rivalutazione annuale dell'assegno relativa all'anno 2008, vedi il Comunicato 15 febbraio 2008; per la rivalutazione relativa all'anno 2009 vedi il Comunicato 6 febbraio 2009; per la rivalutazione per l'anno 2010 vedi il Comunicato 15 febbraio 2010 ; per la rivalutazione per l'anno 2012 vedi il Comunicato 16 febbraio 2012; per la rivalutazione per l'anno 2013 vedi il Comunicato 20 febbraio 2013 ; per la rivalutazione per l'anno 2014 vedi il Comunicato 20 febbraio 2014 ed il Comunicato 30 gennaio 2015. Da ultimo, per la rivalutazione, per l'anno 2015, della misura e dei requisiti economici dell'assegno per il nucleo familiare numeroso e dell'assegno di maternita', vedi il Comunicato 25 marzo 2015.

ARTICOLO N.75

Assegno di maternità per lavori atipici e discontinui (legge 23 dicembre 1999, n. 488, art. 49, commi 8, 9, 11, 12, 13, 14; legge 23 dicembre 2000, n. 388, art. 80, comma 10) (1)

1. Alle donne residenti, cittadine italiane o comunitarie ovvero in possesso di carta di soggiorno ai sensi dell'articolo 9 del decreto legislativo 25 luglio 1998, n. 286, per le quali sono in atto o sono stati versati contributi per la tutela previdenziale obbligatoria della maternità, è corrisposto, per ogni figlio nato, o per ogni minore in affidamento preadottivo o in adozione senza affidamento dal 2 luglio 2000, un assegno di importo complessivo pari a euro 1.549,37, per l'intero nel caso in cui non beneficiano dell'indennità di cui agli articoli 22, 66 e 70 del presente testo unico, ovvero

per la quota differenziale rispetto alla prestazione complessiva in godimento se questa risulta inferiore, quando si verifica uno dei seguenti casi:

a) quando la donna lavoratrice ha in corso di godimento una qualsiasi forma di tutela previdenziale o economica della maternità e possa far valere almeno tre mesi di contribuzione nel periodo che va dai diciotto ai nove mesi antecedenti alla nascita o all'effettivo ingresso del minore nel nucleo familiare;

b) qualora il periodo intercorrente tra la data della perdita del diritto a prestazioni previdenziali o assistenziali derivanti dallo svolgimento, per almeno tre mesi, di attività lavorativa, così come individuate con i decreti di cui al comma 5, e la data della nascita o dell'effettivo ingresso del minore nel nucleo familiare, non sia superiore a quello del godimento di tali prestazioni, e comunque non sia superiore a nove mesi. Con i medesimi decreti è altresì definita la data di inizio del predetto periodo nei casi in cui questa non risulti esattamente individuabile;

c) in caso di recesso, anche volontario, dal rapporto di lavoro durante il periodo di gravidanza, qualora la donna possa far valere tre mesi di contribuzione nel periodo che va dai diciotto ai nove mesi antecedenti alla nascita.

2. Ai trattamenti di maternità corrispondono anche i trattamenti economici di maternità corrisposti da datori di lavoro non tenuti al versamento dei contributi di maternità.

3. L'assegno di cui al comma 1 è concesso ed erogato dall'INPS, a domanda dell'interessata, da presentare in carta semplice nel termine perentorio di sei mesi dalla nascita o dall'effettivo ingresso del minore nel nucleo familiare.

4. L'importo dell'assegno è rivalutato al 1 gennaio di ogni anno, sulla base della variazione dell'indice dei prezzi al consumo per le famiglie di operai e impiegati calcolato dall'ISTAT.

5. Con i decreti di cui al comma 6 sono disciplinati i casi nei quali l'assegno, se non ancora concesso o erogato, può essere corrisposto al padre o all'adottante del minore.

6. Con uno o più decreti del Ministro per la solidarietà sociale, di concerto con i Ministri del lavoro e della previdenza sociale e del tesoro, del bilancio e della programmazione economica, sono emanate le disposizioni regolamentari necessarie per l'attuazione del presente articolo.

(1) In riferimento al presente decreto vedi: Circolare INPS 18 febbraio 2005, n. 32.

L'AUTORE

Roberto Colantonio, laureato cum laude in Giurisprudenza nel 1998, è avvocato dal 2002, con studio legale in Napoli, alla via Michelangelo Schipa 59, 80122.
Cura i blog: lavoratorieimprese.com e lavorosa.wordpress.com

Pubblicazioni:
Diritto del lavoro, Collana Lavoro rosa
"I diritti delle lavoratrici madri", autore, 2015.
ISBN-13: 978-1512194418

Edizione cartacea:
http://www.amazon.it/diritti-della-lavoratrice-madre-Giurisprudenza/dp/1512194417/ref=sr_1_8?s=books&ie=UTF8&qid=1431858797&sr=1-8

Edizione ebook kindle:
http://www.amazon.it/diritti-della-lavoratrice-madre-giurisprudenza-ebook/dp/B00XPU1SLW/ref=sr_1_5?s=books&ie=UTF8&qid=1431858797&sr=1-5

Diritto civile, Collana Lavoratori e imprese
"Divieto di concorrenza per il collaboratore di impresa" autore, 2015.
ISBN-13: 978-1512059687

Edizione cartacea:
http://www.amazon.it/Divieto-concorrenza-per-collaboratore-dimpresa/dp/1512059684/ref=sr_1_6/275-6920360-9408949?s=books&ie=UTF8&qid=1431542250&sr=1-6

Edizione ebook kindle:
http://www.amazon.it/Divieto-concorrenza-per-collaboratore-dimpresa-ebook/dp/B00XJH3JQ8/ref=sr_1_4/275-6920360-9408949?s=books&ie=UTF8&qid=1431542250&sr=1-4

Diritto agroalimentare, Iemme Edizioni
"Expo.eat, il cibo ai tempi dell'Expo" coautore, 2015. Codice
Isbn 9788897776628
disponibile nelle librerie Feltrinelli

Diritto del lavoro, Iemme Edizioni
"Lavorare in nero, breve manuale a tutela del lavoratore irregolare", autore
2014. Codice isbn 97888977764061
http://www.lafeltrinelli.it/libri/roberto-colantonio/lavorare-nero-breve-
manuale-a/9788897776406

Contrattualistica, Iemme Edizioni
"Locazioni di Opere d'arte in Svizzera", autore 2014. Codice isbn
9788897776420
https://www.bookrepublic.it/book/9788897776420-locazione-di-opere-
darte-in-svizzera/

Contrattualistica, Iemme Edizioni
"L'arte condivisa, forme di commercializzazione delle opere d'arte diverse
dalla compravendita", autore 2012 . Codice isbn 9788897776031
http://www.lafeltrinelli.it/libri/roberto-colantonio/l-arte-
condivisa%C2%ADart-sharing/9788897776031

Fiscalità, Iemme Edizioni
"Il Sole a Lugano, come e perché aprire un conto in Svizzera", autore. 2011.
Codice isbn 9788897776000
I° edizione: "aggiornata al decreto Salva Italia convertito in legge"
II° edizione: "Dopo Cipro salvarsi dai prelievi forzosi"
http://www.lafeltrinelli.it/libri/roberto-colantonio/sole-a-lugano-come-
e/9788897776000

Tutti i libri dell'avv. Roberto Colantonio sono acquistabili presso gli store
Feltrinelli e le librerie Esselibri – Simone Libri.
Oppure ordinabili online su
http://www.feltrinelli.it
http://www.amazon.it
http://www.ibs.it
per la versione ebook:
http://www.bookrepublic.it

www.ingramcontent.com/pod-product-compliance
Lightning Source LLC
Chambersburg PA
CBHW070911180526
45168CB00005B/2002